MAILLOTS & ÉCUSSONS RUGBY

HISTOIRES ET ANECDOTES

STORMERS
SUA 1908 L & G
UNION BORDEAUX BEGLES
BENETTON RUGBY
CARDIFF BLUES

LEINSTER RUGBY
MUNSTER RUGBY
OSPREYS
SCARLETS
ULSTER Rugby

ALL BLACKS
TONGA
F.I.R. ITALIA
SPRINGBOK
IRFU

FIJI RUGBY
WRU
URU
HURRICANES

WARATAHS
NORTHAMPTON SAINTS
USARUGBY
ATLANTIQUE STADE ROCHELAIS
MELBOU REBE

Depuis 1882
RACING METRO 92
BATH RUGBY 1865
EXETER RUGBY Chiefs
GLOUCESTER RUGBY

SALE SHARKS
CLERMONT AUVERGNE ASM
SARACENS
C.A.BRIVE CORREZE LIMOUSIN
LIONS

ONNACHT
RUGBY

NEWPORT
GWENT DRAGONS

EDINBURGH

GLASGOW
WARRIORS

WESTERN
FORCE

RE

UAR

NAMIBIA

ENGLAND
RUGBY

RUGBY
CANADA

RUGBY
ROMÂNIA

BLUES

Wallabies

NEWCASTLE
FALCONS

CASTRES OLYMPIQUE

BÉARN - PYRÉNÉES
SECTION
PALOISE

AND

SAMOA RUGBY UNION

BRUMBIES
RUGBY

CHIEFS

CRUSADERS

LEICESTER TIGERS

London Irish

HIGHLANDERS

HARLEQUINS

ETAHS

RCT

LONDON
WASPS

OYONNAX
RUGBY

RIS

GBY

BULLS

FC GRENOBLE
RUGBY
1892

REDS

THE SHARKS

MONTPELLIER
HÉRAULT
RUGBY

Conforme à la loi n° 49-956 du 16 juillet 1949 sur les publications destinées
à la jeunesse.

25 boulevard Romain Rolland, 75014 Paris.
ISBN : 978-2-7324-7059-7
Dépôt légal : août 2015

www.lamartinierejeunesse.fr
www.lamartinieregroupe.com

BENOIT KERJEAN

JEAN-LUC LABOURDETTE

MAILLOTS & ÉCUSSONS RUGBY

HISTOIRES ET ANECDOTES

De La Martinière

SOMMAIRE

INTRODUCTION

L'ARBITRE VIENT DE SIFFLER LE COUP D'ENVOI. LES JOUEURS SE PRÉCIPITENT POUR RÉCEPTIONNER LE BALLON.

Une attaque habile menée par les Rouge et Noir s'amorce, vite contrecarrée par la défense de fer des Sang et Or… Mais que cachent ces couleurs pour lesquelles on se bat avec autant de détermination ?

Le maillot a toujours eu une importance particulière, tant pour les sportifs que pour les supporters. Signe de reconnaissance arboré avec fierté, il est avant tout la mémoire d'un collectif reléguant la performance individuelle au second plan. Au rugby peut-être encore plus qu'ailleurs. Car ici, aucun nom n'est apposé entre les épaules des joueurs. D'autres ont pratiqué avant eux, d'autres joueront après eux. Ce qui fédère un club et son public, ce qui transcende une nation et son équipe, ce sont bien les couleurs et l'écusson qu'ils défendent et revendiquent jusque dans leurs surnoms. Les *bleus* du XV *tricolore* ne le démentiront pas… surtout lorsqu'ils affrontent les All *Blacks* ou le XV de la *Rose* !

Pourtant, nous connaissons rarement l'origine de ces tenues. Pourquoi décide-t-on un jour de faire porter du rose ou du noir à ses joueurs ? Pourquoi opte-t-on pour un écusson en forme de requin ? Que signifient ces dessins maoris ?

Tous ces emblèmes sont souvent inscrits profondément dans l'histoire des villes ou des pays. Ce livre nous les fait découvrir à travers les plus prestigieux championnats et tournois des deux hémisphères, il nous raconte les grandes histoires et petites anecdotes de l'ovalie, de celles qu'on prend plaisir à raconter le soir à l'apéro entre copains ou avant le match…

TOP 14

ON NE PEUT PAS DIRE QUE LES RÈGLEMENTS SOIENT TRÈS RIGIDES : DEPUIS SES DÉBUTS, EN 1892, LE CHAMPIONNAT A CHANGÉ 43 FOIS DE FORMULE !

Au départ ne s'affrontent que des équipes parisiennes. Le Racing Club de France gagne la première finale 4 à 3 contre le Stade Français. À partir de 1921, le championnat est organisé par la Fédération française de rugby. Pendant 77 ans, les rugbymen vont rester amateurs.

Depuis 1998 et le passage au professionnalisme (les joueurs deviennent des salariés de leur club), le championnat est géré par la Ligue nationale de rugby (LNR), l'organisme officiel des clubs professionnels de ce sport. Ce championnat professionnel est composé de 30 clubs organisés en 2 divisions : l'élite avec 14 clubs, nommée le TOP 14, et une deuxième division, appelée PRO D2, qui réunit 16 équipes.

LE TOP 14

Les 14 équipes disputent une poule unique dite de qualification, avec des rencontres aller-retour entre clubs. Le classement s'effectue de la manière suivante : une victoire compte 4 points, un match nul 2 points et une défaite 0 point. 1 point de bonus offensif est accordé à une équipe qui marque 3 essais de plus que son adversaire.

1 point de bonus défensif est accordé à toute équipe qui perd avec un différentiel de 5 points ou moins. Ce classement détermine aussi les 6 clubs qui pourront participer à la Coupe d'Europe, tandis que les autres disputeront le Challenge européen.

Au terme de cette phase, les 2 équipes les plus mal classées sont rétrogradées en PRO D2. Les 6 meilleures sont qualifiées pour la phase finale. Les 2 équipes en tête vont directement en demi-finale. Les 4 autres se rencontrent dans des matchs à élimination directe pour parvenir aux demi-finales (le 3e rencontre le 6e, et le 4e le 5e). Le vainqueur de la finale est déclaré champion de France et reçoit en trophée le fameux bouclier de Brennus.

★ ★ ★

LES PRINCIPAUX VAINQUEURS :

STADE TOULOUSAIN (19 FOIS)
STADE FRANÇAIS (14 FOIS)
AS BÉZIERS (11 FOIS)
SU AGEN (8 FOIS)
FC LOURDES (8 FOIS)

Le bouclier de Brennus fut réalisé en 1892 par le graveur Charles Brennus, sur un dessin original du baron Pierre de Coubertin. Le premier fut cofondateur de la Fédération française de rugby et le second créa le Comité international olympique. C'est un bouclier fixé sur une planche de bois. Tous les vainqueurs du trophée sont gravés en dessous, depuis les débuts du championnat de France en 1892. Charles Brennus, fondateur du SCUF, vit arriver son club en finale en 1911 et 1913, mais ne remporta jamais son propre trophée.

AGEN

NON, CE N'EST PAS UNE RAGE DE DENTS CARABINÉE, MAIS BIEN LA PASSION DU RUGBY QUI PERMET À UN CLUB DE VOIR LE JOUR À AGEN, SOUS LA HOULETTE D'UN DENTISTE, ALFRED ARMANDIE.

Avec un lecteur d'anglais du lycée et un collègue dentiste, ce féru de sport monte une équipe, la Barette Agenaise, qui se transforme rapidement en Sporting Club Agenais au début du XXe siècle. En 1908, il s'allie à l'Union Sportive Agenaise pour fonder le Sporting Union Agen.

SPORTING UNION AGEN
LOT-ET-GARONNE

FONDÉ EN 1908

COULEURS : BLANC ET BLEU MARINE

CHAMPION DE FRANCE À 8 REPRISES

L'Union jouait en rouge et bleu et le Sporting Club en blanc et rouge. C'est donc assez naturellement que le bleu et le blanc sont retenus quand le SUA est créé. La répartition des couleurs va alterner en fonction des époques, tantôt un maillot blanc et un short bleu, tantôt l'inverse. En 2007, le maillot était même décoré de motifs maoris. Aujourd'hui, le haut est blanc, avec des parements bleus.

L'écusson, posé sur le cœur, est aussi bleu et blanc, indiquant les initiales de l'équipe, SUA, ainsi que la date de création du club, 1908. Les lettres L & G sont un rappel du soutien inconditionnel du département où est situé Agen, le Lot-et-Garonne.

Le SUA est un des plus grands clubs français, champion de France à 8 reprises entre 1930 et l'arrivée du professionnalisme dans l'Hexagone. Il a atteint au moins le stade des demi-finales du championnat 27 fois entre 1929 et 2003, soit plus d'une année sur trois. Il a disputé sa dernière finale, contre le Biarritz Olympique, en juin 2002, au Stade de France. Un suspens insoutenable, les deux équipes se rendant coup pour coup sans parvenir à se départager à la fin du temps règlementaire : 19 à 19. Idem durant les prolongations ! Seul un drop, à la 110e minute, va permettre aux Biarrots de l'emporter.

Il y a pléthore de vedettes à Agen : le mythique Albert Ferrasse, champion de France en 1945, président de la FFR de 1968 à 1991, premier Français président de l'IRB ; Philippe Sella, le trois-quarts centre légendaire aux 111 sélections, aujourd'hui revenu au club comme manager ; Daniel Dubroca, qui démarra sa carrière internationale par une victoire historique un certain 14 juillet 1979 face aux All Blacks, capitaine puis entraîneur du XV de France, et président d'Agen durant trois ans ; ou encore Abdelatif Benazzi, originaire du Maroc et illustre capitaine aux 78 sélections nationales, vainqueur du grand chelem dans le Tournoi 1997, qui finit sa carrière aux Saracens où il retrouve son adversaire de la Coupe du monde 1995, le Springbok François Pienaar.

BORDEAUX-BÈGLES

C'EST UN DES CLUBS LES PLUS JEUNES DE FRANCE, NÉ DE LA FUSION ENTRE DEUX FRÈRES ENNEMIS.

Depuis longtemps, l'agglomération de Bordeaux, bien connue pour son équipe de foot, cherchait à constituer un club de rugby de même renommée. Aucune de ses deux entités historiques ne voulait céder à l'autre. On trouvait d'un côté le CAB (Club Athlétique Béglais), et de l'autre le SBUC (Stade Bordelais Université Club), qui fut d'ailleurs le premier club de province à être sacré champion – avant lui, seules des équipes de la région parisienne avaient été couronnées.

Conscients que l'union fait la force, les promoteurs du club unique réussirent à créer en 2006 l'USBCABBG, sigle absolument imprononçable mais qui ne vexait personne, surtout pas les anciens ennemis. En 2008, le club, qui n'a que deux ans d'existence mais qui peut s'enorgueillir de 9 titres de champion de France, devient enfin l'UBB. Ils sont forts, ces Bordelais et ces Béglais !

Dans le logo du club, on trouve toujours les emblèmes des deux équipes : le damier bleu et blanc des Béglais, inspiré du célèbre maillot londonien de l'équipe des Harlequins qui était venue jouer sur leur terrain en 1909, et le léopard d'Aquitaine jaune sur fond noir des Bordelais, hérité de la domination anglaise sur la région pendant la guerre de Cent Ans. Ces signes de reconnaissance ont disparu du maillot des joueurs, mais ils restent bien présents sur l'écusson de l'équipe.

UNION BORDEAUX BÈGLES (UBB)

FONDÉ EN 2006

COULEURS : BORDEAUX ET BLANC

STADE BORDELAIS 7 FOIS CHAMPION DE FRANCE, CA BÉGLAIS 2 FOIS

Qui se souvient de la « tortue béglaise » qui permit au club de gagner le titre de champion de France en 1991 ? Cette tortue, qui évoque moins notre amie aquatique qu'une manœuvre militaire de l'armée romaine, était constituée d'un pack extrêmement puissant, qui ravageait tout sur son passage. Surnommés les Rapetous, en référence aux célèbres personnages de Disney, les trois joueurs de la première ligne, Serge Simon, Vincent Moscato et Philippe Gimbert, en ont effrayé plus d'un à cause de leur crâne rasé et de leur propension à la bagarre, avant de se voir sélectionnés dans le XV de France.

BRIVE

QUAND ON ARRIVE DEVANT LE PANNEAU DE BRIVE-LA-GAILLARDE, ON PENSE QU'ON VA RENCONTRER UNE ÉQUIPE DE COSTAUDS !

C'est vrai, mais l'origine de ces gaillards-là est tout autre. C'est la construction d'une enceinte redoutable par les quatre consuls de la cité, en 1341, qui a valu son nom à la ville.

En 1907, deux équipes de rugby se disputent les faveurs du public : le Football Club Briviste, qui joue avec un maillot rouge et noir sous l'influence du 126e régiment d'infanterie, qui vient d'être muté de Toulouse et renforce l'équipe après avoir été sacré champion militaire ; et le Stade Gaillard, qui opère sous un maillot blanc avec parements noirs. La réunion des deux clubs donne naissance au Club Athlétique de Brive en 1910. Les dirigeants vont décider de prendre une couleur dans chaque maillot et c'est ainsi que le fameux maillot noir et blanc voit le jour.

Une autre source attribue au premier président du CAB, M. Fournial, l'origine des couleurs. Le Sporting Club Universitaire de France (le SCUF Paris), une des meilleures équipes de l'époque, vient jouer sur le terrain de Brive en 1909. C'est une telle démonstration que le président décide d'adopter ses couleurs : le noir et le blanc.

En 2005, le club prend le nom de CA Brive Corrèze Limousin, pour faire référence à ses partenaires institutionnels. L'écusson comporte une étoile dorée, qui est la représentation de sa victoire en Coupe d'Europe en 1997.

CLUB ATHLÉTIQUE BRIVE CORRÈZE LIMOUSIN (CABCL)

FONDÉ EN 1910

COULEURS : NOIR ET BLANC

CHAMPION D'EUROPE EN 1997

Les Brivistes sont surnommés les Coujous. En langue occitane, un coujou, c'est une citrouille. Mais d'où vient ce surnom ? Deux explications circulent, sans que l'on sache quelle est la bonne : selon la première, les Brivistes, assiégés dans leur cité, se seraient défendus en lançant en dernier recours des citrouilles du haut des remparts sur leurs ennemis. La seconde rapporte que le clocher de l'abbatiale romane était autrefois surmonté d'une sorte de casque en tuiles rouges qui, de loin, ressemblait à une citrouille.

CASTRES

LE CLUB FUT FONDÉ PAR D'ANCIENS ÉLÈVES DU COLLÈGE DE CASTRES EN 1906.

Au départ, les couleurs du maillot étaient le gris et le noir. Plus tard, le club adopta les couleurs de la ville, bleu marine et blanc. Son écusson est un des plus sobres qui soient parmi les clubs de l'élite : un simple bouclier, avec les initiales du Castres Olympique.

En 1988, les laboratoires Pierre Fabre deviennent propriétaires du CO. C'est leur directeur général, Pierre-Yves Revol, passionné de rugby, qui prend la tête du club. Homme discret et efficace, il va diriger le CO durant vingt ans, jusqu'en 2008. Cette année-là, il est élu président de la Ligue nationale de rugby, poste qu'il occupera jusqu'en 2012, avant de revenir au club en 2014.

Le CO fut sacré champion de France à 4 reprises, en 1949, 1950, 1993 et 2013. Le stade du club porte le nom d'un joueur célèbre : Jean Pierre-Antoine, qui faisait partie de l'équipe du doublé historique de 1949 et 1950. Boucher de profession, c'était un meneur d'hommes exceptionnel. Capitaine du CO, il marqua à chaque finale. En 1956, il s'écroula dans les vestiaires du stade des Ponts-Jumeaux à Toulouse. Il avait reçu un coup à la tête durant le match et, suite à la formation d'un caillot dans une artère, il décéda à l'hôpital Purpan de Toulouse deux jours plus tard, à l'âge de 35 ans. Le club décida de l'honorer en donnant son nom au stade castrais.

CASTRES OLYMPIQUE (CO)

FONDÉ EN 1906

COULEURS : BLEU ET BLANC

4 FOIS CHAMPION DE FRANCE

Un personnage bien singulier a entraîné l'équipe de Castres en 1934 : l'abbé Pistre, surnommé le « pape » du rugby, un fan absolu de ce sport. Quand il se fait ordonner prêtre, il porte, caché sous sa soutane, le maillot de son club formateur, le SC Albi. Il avance les horaires des vêpres à l'église pour vite s'échapper et assister au match du dimanche après-midi à Castres. Il ira même jusqu'à commenter le Tournoi des cinq nations au côté du célèbre Roger Couderc. Son accent rocailleux faisait des merveilles !

CLERMONT-FERRAND

LE CLUB DE RUGBY A ÉTÉ FONDÉ EN 1911 PAR MARCEL MICHELIN, QUI PRÉSIDAIT ALORS AUX DESTINÉES DE LA CÉLÈBRE ENTREPRISE DE PNEUMATIQUES.

Sous le nom d'Association Sportive Michelin (ASM), le club avait été créé pour distraire les ouvriers de la manufacture et dans le but de leur donner le goût du sport et de l'effort. Dix ans après, patatras ! une loi fédérale antipublicitaire interdit qu'une équipe sportive porte le nom d'une entreprise, ce qui en ferait sourire plus d'un aujourd'hui. Les joueurs, comme le président Michelin, ne souhaitaient pas changer le sigle ASM. Ils décidèrent donc de transformer le nom en Association Sportive Montferrandaise.

Pourquoi Montferrand ? L'entreprise Michelin possédait de nombreux bâtiments dans cette ancienne cité du Moyen Âge rattachée à la capitale auvergnate. De plus, les terrains de jeu étaient installés dans cette partie de la ville. Naturellement, le club opta pour les couleurs (jaune et bleu) du quartier, qui étaient également celles de Michelin. Les Jaunards étaient nés, c'est le surnom des joueurs de l'ASM. Le stade, d'une capacité de 18 000 places, porte toujours le nom du fondateur du club : Marcel Michelin.

De 2009 à 2014, l'équipe de l'ASM ne sera jamais battue à domicile. Le club détient ainsi le record d'invincibilité à la maison : 4 ans, 5 mois et 19 jours. Excusez du peu !

ASSOCIATION SPORTIVE MONTFERRANDAISE CLERMONT AUVERGNE (ASM CLERMONT AUVERGNE)

FONDÉ EN 1911

COULEURS : JAUNE ET BLEU

CHAMPION DE FRANCE EN 2010

Peut-on parler de malédiction ? 10 finales du championnat de France perdues, ce n'est pas très courant pour ces équipes de haut niveau ! Finaliste de 2007 à 2009, l'ASM bute sur la dernière marche du podium à chaque fois. Mais en 2010, le public jaunard exhume ses grigris, brandit ses amulettes, invoque tous les dieux de l'Auvergne. Et pour sa quatrième finale consécutive, l'ASM est enfin sacrée championne de France, en battant Perpignan au Stade de France sur le score de 19 à 6.

GRENOBLE

LE CLUB DE GRENOBLE EST L'UN DES PLUS ANCIENS DE FRANCE.

Il a été fondé en 1892, année du premier championnat de France. Mais il devra attendre 1954 pour être sacré champion de France lui-même.

Le rugby a certainement été importé dans la région par les Anglais aisés qui, en cette fin de XIXe siècle, fréquentent assidument les Alpes, dont nombre de sommets et de lieux portent des noms anglais. En 1897, d'ailleurs, l'université de Grenoble ouvre ses premiers cours pour étrangers et, à la veille de la Première Guerre mondiale, 10 % des étudiants viennent des îles Britanniques.

Les premiers maillots étaient noir et gris, avec un dauphin sur le cœur, car nous sommes en Dauphiné. Ils vont devenir bleu et rouge.

Sur l'écusson du club figurent trois roses. Elles sont issues des armoiries de la cité. Chacune, associée à un saint, symbolise l'une des autorités qui gouvernaient la ville au Moyen Âge. La première représente saint Vincent, saint patron du diocèse, symbole du pouvoir de l'évêque. La deuxième représente saint André, saint patron des Dauphins, symbole des seigneurs du Dauphiné. La dernière, enfin, représente saint Jean-Baptiste, saint patron des citadins, autrement dit des consuls élus par les habitants de la cité.

FOOTBALL CLUB DE GRENOBLE RUGBY (FCG)

FONDÉ EN 1892

COULEURS : BLEU ET ROUGE

CHAMPION DE FRANCE EN 1954

1993 voit l'arrivée aux commandes de Jacques Fouroux. Il recrute un pack extrêmement solide, très puissant, qui mérite rapidement son surnom de Mammouth, la mêlée pesant plus de 900 kg. Il mène son équipe en finale, où elle va malheureusement s'incliner sur une erreur d'arbitrage. Suite à une chandelle, l'arrière grenoblois reçoit le ballon et aplatit dans son en-but, mais relâche la balle. Un joueur adverse se précipite et aplatit une seconde fois. L'essai aurait dû être refusé. L'arbitre l'accorde sans sourciller, malgré les protestations véhémentes des Grenoblois !

LA ROCHELLE

DE TOUT TEMPS, LE COMMERCE MARITIME A RYTHMÉ LA VIE DE LA ROCHELLE.

Dès 1892, des courtiers anglais, qui fréquentent le lycée pour améliorer leur français, commencent à enseigner les rudiments du rugby aux lycéens. Tous s'entraînent dans une prairie boueuse des faubourgs de la ville. Rapidement crottés, ils ont du mal à distinguer partenaires et adversaires. Pas pratique de jouer ainsi ! Le soir, ils se retrouvent dans un petit troquet où ils se débarbouillent avant de boire un coup. La patronne du bistrot, compatissante, décide alors de leur confectionner des insignes pour qu'ils puissent se reconnaître : jaunes pour les uns et noirs pour les autres.

En 1902, quand la section rugby est créée au sein du Stade Rochelais omnisports, né quelques années plus tôt en 1898, les couleurs du maillot seront une évidence : les Rochelais joueront en jaune et noir, avec sur le cœur l'écusson représentant la célèbre caravelle des armoiries de la ville. Sacré champion d'Atlantique à de nombreuses reprises, le Stade finira par accoler cette désignation au nom du club.

La nouvelle tribune du stade, ouverte en 2014, est dédiée à George-Henry Jackson. Mais qui est donc cet homme ? Ce médecin est nommé consul des États-Unis à La Rochelle en 1898, au moment de la création du Stade Rochelais, qui n'est encore qu'un club d'athlétisme. Rugbyphile, il va rapidement s'impliquer dans la constitution d'une équipe (à l'époque, le rugby est pratiqué en Californie depuis plus de vingt-cinq ans, les États-Unis seront d'ailleurs champions olympiques à 2 reprises, en battant la France en 1920 et 1924). Il devient président du club en 1904, mais sera contraint de démissionner, à son plus grand désespoir, en 1911, car une loi américaine lui interdit d'appartenir à une société étrangère à son pays.

ATLANTIQUE STADE ROCHELAIS

FONDÉ EN 1898

COULEURS : JAUNE ET NOIR

PALMARÈS : SANS

Le stade du club porte le nom d'un autre ancien président, Marcel Deflandre. Le 23 juin 1940, les troupes allemandes envahissent La Rochelle. Petit à petit, la résistance va s'organiser, en particulier avec le groupe « Honneur et patrie », dont fait partie Marcel Deflandre, qui dirige le Stade Rochelais. Fin 1943, suite à une probable trahison, le groupe est démantelé : 77 personnes sont arrêtées et jugées par un tribunal militaire. Notre président fera partie des condamnés à mort et sera fusillé le 11 janvier 1944, à l'âge de 42 ans.

MONTPELLIER

LE CLUB VOIT LE JOUR EN 1986, SUITE À LA FUSION DE L'ÉQUIPE DU STADE MONTPELLIÉRAIN ET DE CELLE DITE DE LA PAILLADE, L'ÉQUIPE UNIVERSITAIRE DE LA VILLE.

Les couleurs choisies pour le maillot des joueurs sont le bleu et le blanc, réplique des couleurs de la capitale du Languedoc. Autour du cou et des épaules, différentes phrases sont imprimées : « Va jusqu'au bout », « Honore ton maillot », « Vise l'exceptionnel ». De quoi motiver les troupes !

MONTPELLIER HÉRAULT RUGBY

FONDÉ EN 1986

COULEURS : BLEU ET BLANC

PALMARÈS : SANS

L'écusson du club est en forme de bouclier, arborant le nom de l'équipe, Montpellier Hérault Rugby, et une fleur à cinq pétales. Cette fleur évoque un arbuste de la garrigue des alentours, le ciste de Montpellier, qui est également le surnom des joueurs : les Cistes. Cet arbrisseau fleurit d'avril à juin, donnant de belles fleurs composées de cinq pétales de couleur blanche. Très répandu dans toute la garrigue, il empêche l'érosion de ces sols très pauvres et ralentit de fait la désertification.

La désertification n'est pas de mise dans les tribunes : plus de 12 000 spectateurs en moyenne prennent place dans le stade Yves-du-Manoir, rebaptisé en 2014 du nom du président et actionnaire principal du club : Altrad Stadium.

Un partenariat a été signé entre l'équipe de Montpellier et le club de Las Vegas, le bien nommé Las Vegas Blackjacks Rugby Football Club, qui fait les beaux jours du championnat américain de première division (champion des États-Unis, s'il vous plaît !). Des échanges de joueurs s'effectuent entre les deux clubs pendant la trêve, qu'il s'agisse de jeunes rugbymen montpelliérains ou d'Américains prometteurs. Ainsi, Seta Tuilevuka, qui jouait ailier ou centre à Las Vegas, a suivi toute la préparation de la saison 2010 avec les Montpelliérains. Il fut même sélectionné en équipe première et marqua 2 essais durant la saison.

OYONNAX

UN NATIF DU PAYS, JULES VERCHÈRE, PART EFFECTUER SES OBLIGATIONS MILITAIRES EN 1908.

Durant son service, il fait la connaissance de soldats anglais qui pratiquent le rugby. Il ramène un ballon ovale à Oyonnax et immédiatement il parvient à constituer une équipe, en s'alliant à une autre amicale sportive. Il crée un club en 1909, le CSO. Ce même CSO va fusionner avec les deux autres équipes de la ville, le Club Sportif des Ouvriers et l'Avenir d'Oyonnax, pour donner naissance au club actuel, l'Union Sportive Oyonnax, en 1942.

UNION SPORTIVE OYONNAX RUGBY (US OYONNAX RUGBY)

FONDÉ EN 1909

COULEURS : ROUGE ET NOIR

PALMARÈS : SANS

Les joueurs d'Oyonnax portent un maillot noir et rouge, qui étaient les couleurs du CSO. Noir probablement en référence au pays du Haut-Bugey, dans l'Ain, dit le Bugey noir à cause de ses épaisses forêts de sapins, qui ont abrité tant de maquisards pendant les années d'Occupation (la ville d'Oyonnax est médaillée de la Résistance). Et rouge comme le fond du blason du Bugey.

Oyonnax est la ville abritant un club du Top 14 la moins peuplée (22 000 habitants). C'est aussi la plus élevée : 541 mètres d'altitude. Inutile de vous dire que l'hiver est rude dans ces contrées et que des caractères forts s'y sont forgés. Oyonnax se veut une citadelle imprenable, d'ailleurs les meilleures équipes s'y sont cassé les dents. Beaucoup de travail, de l'humilité, de la solidarité et du cœur à l'ouvrage sont les valeurs défendues par le club : le véritable esprit du rugby.

Le stade porte le nom de Charles Mathon. Il contient désormais 11 500 places, toutes prises d'assaut les jours de match. Ici, le public est vraiment le 16e homme de l'équipe, qui bénéficie d'un soutien inconditionnel. Charles Mathon est né à Oyonnax et a joué à l'USO quasiment toute sa carrière, à l'exception de deux années à Bourg-en-Bresse. Dénoncé injustement comme collaborateur auprès de la Résistance, il est mort durant la Seconde Guerre mondiale, tué par des maquisards.

PAU

LA NAISSANCE DE LA SECTION PALOISE DE LA LIGUE GIRONDINE DATE DE 1902.

On y pratique l'athlétisme et la barrette aquitaine, sorte d'ancêtre du rugby. Sous l'impulsion des Anglais (Pau est une ville de villégiature pour nos amis d'outre-Manche), le rugby supplante la barrette et le nom définitif du club apparaît : la Section Paloise. Influence britannique encore une fois, en 1912, le capitaine-entraîneur de l'équipe, Tom Potter, est gallois. La même année, la Section intègre le comité de la Côte basque qui vient de se créer, englobant tout le Béarn. Dorénavant, les joueurs porteront un maillot vert et blanc – hommage implicite aux couleurs de ce nouveau comité ? L'histoire ne le dit pas. La Section Paloise quittera ce comité en 1940, la ligne de démarcation isolant les côtes du Pays basque (qui sont en zone occupée) du reste de la région, pour intégrer un nouveau comité du Béarn, qui se trouve en zone libre. Encore aujourd'hui, l'équipe de Mauléon, pourtant située au Pays basque, continue d'appartenir au comité du Béarn.

L'écusson, en forme de bouclier, en plus du nom complet de l'équipe, comporte un ballon ovale qui englobe des sommets pyrénéens. On croit reconnaître le pic du Midi d'Ossau, surnommé ici le Jean-Pierre (Jean et Pierre étaient les prénoms donnés aux aînés et aux cadets des familles béarnaises). Le pic fait partie intégrante de la vie du pays, à la fois emblème de la vallée d'Ossau, mais aussi de la ville de Pau, et donc de la Section Paloise.

SECTION PALOISE BÉARN-PYRÉNÉES

FONDÉ EN 1902

COULEURS : VERT ET BLANC

CHAMPION DE FRANCE EN 1928, 1946 ET 1964

La mascotte du club est un ours surnommé Bearnie. L'ours, qui vit ici depuis des millénaires, est un des symboles pyrénéens majeurs. Après la réintroduction d'ours slovènes au cours de ces dernières années, la population de la chaîne pyrénéenne est estimée à une trentaine d'individus. Le nom de cette mascotte joue sur les mots « Béarn », dont Pau est la capitale, et « ours », *bear* en anglais.

RACING

LE RACING CLUB DE FRANCE VOIT LE JOUR EN 1882, EN TANT QUE CLUB D'ATHLÉTISME.

La section rugby apparaît en 1890, mais l'écusson de l'équipe porte toujours la date de création 1882. Les couleurs, bleu ciel et blanc, sont inspirées des couleurs de la Grèce, patrie de l'olympisme. Les joueurs sont de vrais amateurs, « le jeu pour le jeu » pourrait être leur devise, et leurs premiers modèles sont les sportifs anglais de l'université de Cambridge, qui jouent en bleu ciel.

Depuis 1882

RACING METRO 92

RACING MÉTRO 92

FONDÉ EN 1882

COULEURS : BLEU CIEL ET BLANC

5 FOIS CHAMPION DE FRANCE

Tout comme le rugby anglais de l'époque, le club réunit aristocrates et bourgeois aisés. Ils s'entraînent au bois de Boulogne, sur le domaine de Pré-Catelan, et plutôt bien d'ailleurs puisqu'ils vont être sacrés premiers champions de France de rugby en 1892. C'était assez simple, on accédait directement à la finale car il n'y avait que deux équipes : le Racing Club de France et le Stade Français, qu'ils battirent 4 à 3. Ce premier match était arbitré par le baron Pierre de Coubertin, fondateur du Comité international olympique. L'année suivante, le Stade Français allait prendre sa revanche.

En 1999, le Racing Club de France est repris par la société Eden Park, fondée par d'anciens joueurs, et il se rapproche de l'Union Sportive de la RATP, l'US Métro, avec laquelle il fusionne en 2001. Le club choisit le nom de Racing Métro 92 en 2005, rappelant par la même occasion le département des Hauts-de-Seine où il est installé. Les rencontres à domicile ont lieu à Colombes, au stade Yves-du-Manoir (célèbre ouvreur du Racing), en attendant que soit construit son futur stade, « l'Arena 92 », à Nanterre.

Le partenariat entre le club et la RATP prenant fin, l'équipe s'appellera le Racing 92 à partir de la saison 2015-2016.

Témoin de l'audace du club dans les années 1980, l'esprit « show-biz » : les joueurs arborent un splendide béret basque à Bayonne ; ils se griment en noir pour fêter l'anniversaire de leur coéquipier, Vincent Celano, qui est d'origine africaine ; pour le centenaire de la Révolution française, ils portent des shorts tricolores et des bonnets phrygiens contre l'équipe du Boucau. Leurs deux finales atteignent un sommet d'autodérision : pour la première, ils jouent en nœud papillon rose après en avoir offert un au président de la République lors de la présentation des équipes, et pour la seconde, toujours en nœud papillon, ils se font servir une coupe de champagne à la mi-temps, ce qui ne les empêchera pas de remporter la victoire face à Agen.

STADE FRANÇAIS

LE STADE FRANÇAIS PARIS EST CRÉÉ EN 1883 PAR DES ÉLÈVES DU LYCÉE SAINT-LOUIS RÉUNIS DANS LE PLUS VIEUX BAR PARISIEN, LE PROCOPE.

Ces lycéens vont se distinguer de leurs rivaux du Racing en prenant un nom bien particulier. Alors que la mode (très anglaise) de la fin du XIXe siècle consiste à utiliser le mot « club » pour désigner les équipes, ils choisissent le mot « stade » pour la première fois en France, en référence aux sportifs de l'Antiquité surnommés les dieux du stade. Ce terme sera ensuite largement repris par d'autres équipes. Ce sont des adversaires anglais qui ajoutent le qualificatif « Français ». Les Stadistes sont en effet les premiers en France à jouer avec les règles du rugby anglais et ainsi à participer à un match international en 1892 à Londres.

Les couleurs historiques sont le rouge et le bleu, en référence aux couleurs de Paris. En 1997, des éclairs, symboles du sponsor, la station de radio NRJ, sont ajoutés sur les maillots. En 2006, le Stade crée la surprise en jouant en rose, couleur imposée par le président Guazzini. Une provocation ? Un coup de pub ? Une attaque de la virilité rugbystique ? Non, une inspiration de la liturgie catholique, le rose étant la couleur exceptionnellement utilisée le 3e dimanche de l'Avent et le 4e dimanche de Carême. En 2007, un maillot orné de lis fait une nouvelle fois beaucoup parler de lui. L'origine de cette fleur s'explique simplement par le fait que le président, au moment du choix du motif, écoutait « Les Élucubrations » d'Antoine, chanson dans laquelle il est question de chemise à fleurs, très tendance au milieu des années 1960.

L'écusson reprend les couleurs de l'équipe, ainsi que ses initiales accompagnées d'éclairs.

STADE FRANÇAIS PARIS RUGBY

FONDÉ EN 1883

COULEURS : BLEU, ROSE ET BLANC

14 FOIS CHAMPION DE FRANCE

Le club des lycéens va rapidement devenir une référence, mais le vrai virage du Stade aura lieu en 1992 avec sa reprise par Max Guazzini. Le président aura l'ambition forte de faire revenir le Stade Français au plus haut niveau. À l'image des fondateurs, il adoptera des méthodes révolutionnaires pour faire parler de son équipe et changer l'image traditionnelle du rugby, en l'ouvrant à de nouveaux publics. Places à bas prix, pom-pom girls, spectacles d'avant-match, cloche annonçant la fin de la rencontre, voiture télécommandée apportant le tee au buteur… sont autant de nouveautés qui feront grand bruit dans le milieu du rugby et connaîtront une belle postérité !

TOULON

LE STADE VAROIS EST CRÉÉ SUITE À LA FUSION DE L'ÉTOILE SPORTIVE TOULONNAISE ET DE L'UNION SPORTIVE SEYNOISE (L'ÉQUIPE DE LA SEYNE-SUR-MER).

Il donne naissance au RCT en 1908, qui devient champion du Littoral dès 1913.

Le RCT joue en rouge et noir. Les avis divergent quant à l'origine de ces couleurs, mais tous s'accordent sur la référence toulousaine. Pour les uns, le Stade Toulousain était le parrain du RCT, qui aurait choisi de porter les mêmes couleurs en reconnaissance de ce parrainage. Pour d'autres, tout cela date de 1923, jour de match entre les deux équipes. Les tenues de l'équipe toulonnaise ayant mystérieusement disparu, probablement volées, le Stade Toulousain aurait prêté un jeu de maillots à ses adversaires. Ceux-ci auraient continué d'arborer ces couleurs en guise de remerciement.

Le RCT joue au stade Mayol, vaste enceinte en pleine ville de près de 20 000 places. Le célèbre chanteur toulonnais Félix Mayol, grand amateur de rugby, a offert ce stade au club en 1920. Durant ses tours de chant, il portait toujours un brin de muguet, sorte de porte-bonheur, à sa boutonnière. En hommage, le RCT a mis cette fleur sur son écusson dès 1921. Le brin de muguet comporte aujourd'hui treize clochettes, pour porter chance aux joueurs sur le terrain. Les trois étoiles dorées sur le maillot représentent les victoires de Toulon en Coupe d'Europe.

RUGBY CLUB TOULONNAIS (RCT)

FONDÉ EN 1908

COULEURS : ROUGE ET NOIR

4 FOIS CHAMPION DE FRANCE,
3 FOIS CHAMPION D'EUROPE

Ce qui saisit le spectateur avant le début de chaque match au stade Mayol, c'est le chant de guerre entonné par toute la foule : le « Pilou-Pilou ». Il fut créé par un ancien joueur, Marcel Bodrero, dans les années 1940. Mais il ne fut adopté qu'aux débuts des années 2000 par une association de supporters, Les Fadas. Il est devenu aujourd'hui l'hymne officiel du club, une sorte de haka, à la mode toulonnaise et sans danse rituelle, en prélude à chaque rencontre à domicile.

TOULOUSE

L'ANCÊTRE DU STADE TOULOUSAIN EST LE STADE OLYMPIQUE DES ÉTUDIANTS TOULOUSAINS (LE SOET), CRÉÉ EN 1897.

Dès 1903, le SOET affronte le Stade Français (déjà !) en finale du championnat, chez lui, à la Prairie des Filtres. Il perdra. En 1907, le SOET et l'École Vétérinaire fusionnent et prennent le nom de Stade Toulousain. Le premier titre ne tarde pas : en 1912, le Stade Toulousain bat le Racing en finale. Il sera suivi de 18 autres titres de champion de France et de 4 titres de champion d'Europe, faisant de ce club le plus titré à la fois en France et en Europe.

STADE TOULOUSAIN

FONDÉ EN 1907

COULEURS : ROUGE ET NOIR

19 FOIS CHAMPION DE FRANCE, 4 FOIS CHAMPION D'EUROPE

Les Toulousains jouent en rouge et noir, couleurs des Capitouls, qui étaient les anciens conseillers municipaux. L'écusson du Stade Toulousain comporte les lettres S et T entremêlées. Ce dessin reprend le sigle de saint Thomas d'Aquin qu'on peut voir à la basilique Saint-Sernin, où furent entreposées les reliques du saint avant leur rapatriement à l'église des Jacobins. Ces initiales sont gravées dans la petite mosaïque colorée qui est dessinée sur le sol de la chapelle axiale de la crypte.

Ernest Wallon était le premier président du club. Il avait acheté un terrain pour pratiquer le rugby dans le quartier des Ponts-Jumeaux. Lors de la construction dans les années 1980 de la rocade qui entoure la Ville rose, le Stade Toulousain fut exproprié. Les dirigeants firent alors construire un nouveau stade aux Sept-Deniers, un quartier proche. Il fut baptisé du nom de l'ancien président, Ernest Wallon. 20 000 spectateurs peuvent y suivre les rencontres. Le Stade Toulousain, pour les grands matchs, utilise aussi le Stadium, d'une capacité de plus de 40 000 places.

En 2005, une école d'arbitrage est créée au Stade Toulousain par Didier Barnagaud, ancien arbitre fédéral lui-même. Après avoir écumé les terrains ariégeois en tant que joueur, il consacra la suite de sa carrière à l'arbitrage. Cette école est considérée comme une des meilleures de France. Après avoir obtenu 6 titres régionaux, elle fut sacrée championne de France à 2 reprises : en 2008 et 2012. Bon sang (toulousain) ne saurait mentir ! Ici, tout tire vers l'excellence.

PREMIERSHIP RUGBY

LE RUGBY ET L'ANGLETERRE NE FONT QU'UN, C'EST BIEN CONNU.

Selon la légende, c'est dans ce pays qu'un jeune étudiant décida, lors d'une partie de football en 1823, de s'emparer du ballon à la main et de traverser le terrain en évitant ses adversaires autant que ses équipiers qui cherchaient à le corriger pour avoir osé ce geste un peu fou. L'histoire ne dit pas si ce jeune homme, un certain William Webb Ellis, se fit rattraper, mais une chose est sûre, le rugby moderne était né ! Vraie ou non, la légende est suffisamment tenace et ancrée pour que le trophée remis au vainqueur de la Coupe du monde porte le nom de Webb Ellis.

Malgré le poids de l'histoire, le championnat anglais est toutefois relativement récent, ne voyant le jour qu'en 1987 ! En effet, la fédération anglaise de rugby, la Rugby Football Union, s'était longtemps opposée à la création d'une compétition officielle afin de préserver le statut amateur des joueurs. Comme en France, ici les clubs représentent des villes et non des régions. 12 équipes s'affrontent au sein de l'élite.

Le titre est attribué, au terme de la saison régulière, à la meilleure des 4 équipes sélectionnées pour les play-offs, après une finale qui se joue dans l'illustre stade de Twickenham. Le tenant du titre de l'édition 2015 est le club londonien des Saracens, qui détrône ainsi le Northampton Saints.

5 CLUBS À LONDRES

HARLEQUINS

HARLEQUINS

LONDON IRISH

London Irish

LONDON WASPS

LONDON WASPS

LONDON WELSH

SARACENS

SARACENS

PREMIERSHIP
RUGBY
NEWCASTLE
NEWCASTLE FALCONS
SALE SHARKS
SALE
LEICESTER
NORTHAMPTON
GLOUCESTER RUGBY
GLOUCESTER
BATH RUGBY
BATH
LONDRES
EXETER RUGBY
Chiefs
EXETER

BATH RUGBY

CERTES, L'ANGLETERRE EST RÉPUTÉE POUR ÊTRE UN PAYS TRÈS PLUVIEUX...

Cependant, même si nos voisins grand-bretons ont beaucoup d'humour, le Bath (« bain ») Rugby ne doit pas son nom à une météo capricieuse mais à la ville où il évolue. Ce sont les Romains qui fondèrent cette cité thermale en 43 av. J.-C. Le toponyme Bath ne provient donc définitivement pas du climat mais de ses nombreuses sources chaudes et bains naturels. On les retrouve d'ailleurs sur l'écusson du club qui reproduit les armoiries de la ville.

Mais plongeons dans le grand bain et revenons aux terrains de rugby. Le club de Bath est l'un des plus vieux d'Angleterre. Il est créé en 1865 à cause de l'hyperactivité des joueurs du club de cricket de Lansdown qui ne peuvent se résoudre à rester au chaud l'hiver et cherchent donc à s'occuper. Le ballon ovale va faire l'affaire... Les couleurs des maillots du Bath Rugby sont dès lors toutes trouvées. Il s'agira du bleu royal, du noir et du blanc du Lansdown, toujours portés à ce jour.

Très rapidement, le Bath Rugby obtient une reconnaissance internationale avec un jeu basé sur l'attaque et l'agressivité. Il possède aussi l'un des plus beaux palmarès d'Angleterre avec 6 titres de champion d'Angleterre, 10 victoires en Coupe d'Angleterre, ce qui représente le record absolu, un sacre européen en 1998 et un titre de champion du Challenge européen en 2008. Il est finaliste de Premiership en 2015.

BATH RUGBY FOOTBALL CLUB

FONDÉ EN 1865

COULEURS : NOIR, BLEU ET BLANC

STADE : RECREATION GROUND (12 300 PLACES)

6 FOIS CHAMPION D'ANGLETERRE, 10 FOIS VAINQUEUR DE LA COUPE D'ANGLETERRE, CHAMPION D'EUROPE EN 1998

Bath est le premier club britannique à soulever la coupe d'Europe, le 31 janvier 1998. L'équipe s'impose d'un tout petit point devant Brive pourtant favori, au terme d'une partie à suspens. Si le fait de match revient au joueur anglais Jon Callard, qui à lui seul marque les 19 points de la victoire, les spectateurs se souviendront surtout de la remarquable défense des Anglais qui, en seconde période, résistent aux assauts brivistes sans fléchir pendant plus de huit minutes sur leur ligne. Une défense héroïque décourageant leurs adversaires et galvanisant tous les joueurs de Bath, pourtant épuisés mais qui conserveront leur très court avantage jusqu'au coup de sifflet final.

EXETER CHIEFS

MAIS OÙ SONT-ILS ALLÉS TROUVER UN NOM PAREIL, NOS AMIS ANGLAIS D'EXETER ?

Car ne cherchez pas d'Indiens dans l'histoire de cette ville du sud du pays. Pourtant c'est bien une telle référence qui inspira les dirigeants du club de rugby local, qui se baptisèrent modestement les Chiefs (« chefs ») et décidèrent de reproduire la tête d'un chef indien sur l'écusson des maillots.

EXETER CHIEFS RUGBY CLUB

FONDÉ EN 1871

COULEURS : NOIR ET BLANC

STADE : SANDY PARK (10 094 PLACES)

VAINQUEUR DE LA COUPE D'ANGLETERRE EN 2014

Ce club a été fondé en 1871 sous le sobre nom d'Exeter Rugby Club. Les Chiefs apparaissent une première fois dans l'histoire du club dans les années 1930. Ce sobriquet fut donné à l'équipe senior parce qu'elle dominait largement le championnat du district. Il réapparaît en 1999. À l'ère de la professionnalisation, le président de l'Exeter Rugby cherchait, pour des raisons marketing, à moderniser l'image du club, comme l'ont fait les Sharks ou les Falcons. Le nom officiel était tout trouvé !

Mais attention, la communication et l'excentricité s'arrêtent là. Le rugby est un sport sérieux, pas question d'apposer des plumes sur les tenues des joueurs dont les maillots restent très sages. L'équipe évolua d'abord en noir et blanc, référence aux couleurs des drapeaux des deux comtés qui dépendaient du diocèse d'Exeter au moment de la création du club : le Devon (noir, blanc et vert) et la Cornwall jusqu'en 1876 (noir et blanc). Une touche de bleu clair est ajoutée plus tard, mais elle ne sera pas conservée, laissant la place au noir et blanc d'origine.

2014 est probablement l'année de la consécration tant pour les joueurs que pour les supporters. Quatre ans après la montée en Premiership, Exeter obtient en effet une certaine reconnaissance et démontre que son accession à l'élite n'a rien d'un hasard, en remportant, au terme d'une rude compétition, la Coupe d'Angleterre pour la première fois de son histoire. Pourtant défait par le club de Bath, Exeter termine premier de sa poule en s'imposant à la surprise générale, parfois même sur des scores fleuves comme sa victoire contre Worcester (42 à 3) ou celle contre les célèbres Harlequins (19 à 5). En finale contre les Saints, qui finiront premier du championnat cette même année, le sort des Chiefs semble réglé. Mais ils s'imposent sur un score de 15 à 8. Historique pour ce club du sud de l'Angleterre !

GLOUCESTER

LES « CERISE ET BLANC » OU CHERRY AND WHITES, AINSI SONT SURNOMMÉS LES JOUEURS DU XV DE GLOUCESTER, VILLE DU SUD-OUEST DE L'ANGLETERRE.

Ils doivent évidemment ce sobriquet aux couleurs de leur maillot. L'équipe évoluait pourtant en bleu marine à sa création, en 1873. Mais, en route pour un premier match à l'extérieur, les dirigeants, probablement émus par ce déplacement, oublièrent les tenues à la maison. La décision fut alors prise de s'arrêter dans le village voisin de Painswick et d'emprunter celles de l'équipe locale, qui joue en rouge et blanc. Gloucester, qui remporta son match, adopta définitivement ces couleurs, inchangées à ce jour contrairement à l'écusson qui, lui, évolua en 2005.

GLOUCESTER
RUGBY

GLOUCESTER RUGBY CLUB

FONDÉ EN 1873

COULEURS : ROUGE ET BLANC

STADE : KINGSHOLM (16 500 PLACES)

VAINQUEUR DE LA ZURICH CHAMPIONSHIP EN 2002, 5 FOIS VAINQUEUR DE LA COUPE D'ANGLETERRE

Reproduisant les armoiries de Gloucester sur autorisation exceptionnelle de la ville depuis 1970, le club ne pouvait toutefois pas profiter pleinement de son emblème car il n'en détenait pas la propriété. Le président de l'époque décida alors de le changer en conservant tout de même les références à Gloucester. On retrouve tout d'abord les deux lions, qui tiennent le bouclier sur lequel est reproduit, non plus les armes de la ville, mais un ballon de rugby griffé. Ces félins représentent, outre le royaume d'Angleterre, les citoyens de Gloucester. Un casque de chevalier ensuite, qui domine l'ensemble, symbolise la résistance des habitants qui défendirent leur citée assiégée lors d'une importante bataille en 1643.

Moins connu que son rival de Bath, le Gloucester Rugby Club a pourtant presque tout gagné et a compté dans ses effectifs de nombreux internationaux de tous horizons comme l'Anglais Mike Tindall, les Français Philippe Saint-André, Christian Califano et Dimitri Yachvili, ou encore l'Argentin Diego Roncero.

Le rouge porté par les joueurs du club, et rebaptisé du nom de ce fruit par un journaliste (peu) inspiré, n'est en réalité que le fait du châtelain de Painswick qui avait décidé de distinguer le XV de son village des autres équipes en revêtant les chemises blanches de l'époque d'une ceinture rouge… qui provenait des rideaux de son château ! L'histoire ne nous dit rien sur la réaction de sa femme en découvrant pareille mésaventure, mais les « vrais Cherry and Whites », comme les joueurs du Painswick RFC se surnomment, étaient nés !

Et les maillots prêtés par le club du châtelain ? Gloucester ne les a pas rendus au retour de son match victorieux en 1873 et attendra la célébration des 130 ans du club pour offrir à Painswick une réplique de ces derniers. Un geste symbolique mais qui confirme le lien très fort entre ces deux formations.

HARLEQUINS

MAIS QU'EST-CE QUI A PU POUSSER NOS VOISINS LONDONIENS AU JOLI PALMARÈS À APPELER LEUR CLUB COMME CET ILLUSTRE PERSONNAGE DE LA COMMEDIA DELL'ARTE, HARLEQUIN (ARLEQUIN EN FRANÇAIS) ?

Ils en sont d'ailleurs tellement fans qu'ils l'ont reproduit sur leur écusson et jouent avec des maillots qui ressemblent fortement à son célèbre costume fait de losanges multicolores. Ce bouffon du théâtre populaire italien, dont l'origine remonte au XVIe siècle, n'était pourtant pas connu pour être un sportif valeureux ! Le choix est toutefois aussi simple qu'un mot trouvé dans un dictionnaire…

HARLEQUINS

HARLEQUINS RUGBY FOOTBALL CLUB

FONDÉ EN 1866

COULEURS : NOIR, VERT, GRIS, BLEU CIEL, GRENAT ET MARRON

STADE : THE STOOP (14 816 PLACES)

CHAMPION D'ANGLETERRE EN 2012, 3 FOIS VAINQUEUR DE LA COUPE D'ANGLETERRE

En effet, quatre ans après la création en 1866 du club historique, baptisé alors le Hampstead, du nom d'un riche quartier de Londres, plusieurs joueurs décidèrent de le renommer, ne s'identifiant plus à cette partie « *so* » chic de la ville. Comme les maillots étaient brodés aux initiales du Hampstead Football Club (HFC), il leur fallait trouver un terme commençant par un « H ». Qu'à cela ne tienne, aidés d'un dictionnaire, ils recherchèrent un mot si possible populaire et finirent par retenir *Harlequin*. Un choix rigolo pour une équipe de rugby mais qui ne fera pas rire tout le monde et provoquera le départ de la moitié des membres du club qui formeront l'équipe, toujours rivale aujourd'hui, des Wasps.

En 2009, l'histoire du club fut entachée d'un scandale sans précédent, lors du quart de finale de la Coupe d'Europe. Les Harlequins, menés 5 à 6 par le Leinster à quelques minutes de la fin du match, avaient déjà effectué tous leurs changements. Sur les consignes de ses dirigeants, un joueur simula alors une blessure par saignement, seul moyen pour faire revenir un botteur sur le terrain et tenter de gagner la partie en multipliant le jeu au pied. Si le score en resta là malgré le stratagème, faisant du Leinster le vainqueur du match et quelques semaines plus tard de la compétition elle-même, l'affaire fut révélée et de lourdes sanctions furent prises contre le président des Harlequins, l'entraîneur, les médecins qui avaient fourni la capsule de sang et le joueur complice.

LEICESTER TIGERS

LES « TIGRES DE LEICESTER », QUEL REDOUTABLE NOM À FAIRE PÂLIR LES ADVERSAIRES ET RUGIR LES SUPPORTERS !

Le club a été fondé en 1880 sous le nom de Leicester Football Club, suite à la fusion de trois équipes de la ville. Ce n'est qu'en 1885 qu'il fut rebaptisé Tigers par un journaliste commentant un match de l'équipe première. Serait-ce parce que les joueurs de Leicester jouaient en marron et jaune à l'époque, et ce jusqu'en 1891, évoquant la fourrure du félin ? Ou bien, et c'est peut-être une meilleure raison, serait-ce pour rendre hommage au Leicestershire Regiment, un régiment qui aurait acquis ce surnom de « Tigres » après avoir servi en Inde, où vit l'animal ? En tout cas, l'écusson des maillots portés par les joueurs de Leicester est fort logiquement orné d'une tête de tigre rugissant.

Les couleurs, sans véritable explication, évoluèrent en 1891 pour devenir des rayures écarlates, vertes et blanches, d'abord verticales, puis horizontales à partir de 1895. Alors qu'aucun signe distinctif ne figurait au dos des maillots, les Tigers, connus dans toute l'Europe compte tenu de leur impressionnant palmarès, ont été les premiers à arborer des lettres, afin d'identifier les avants en 1926, puis tous les joueurs à partir de 1931.

Sans hymne officiel, même si la célèbre chanson de REM « Shiny Happy People » résonne les soirs de victoire à domicile, c'est surtout la devise historique du club qui marque les esprits : *Death or Glory* (« La mort ou la gloire »), qui rappelle le surnom des rugbymen du Leicester au XIXe siècle : Death or Glory Boys.

LEICESTER FOOTBALL CLUB

FONDÉ EN 1880

COULEURS : BLANC, ROUGE ET VERT

STADE : WELFORD ROAD (24 000 PLACES)

10 FOIS CHAMPION D'ANGLETERRE, 7 FOIS VAINQUEUR DE LA COUPE D'ANGLETERRE, 2 FOIS CHAMPION D'EUROPE

Leicester, qui n'a jamais terminé une saison au-delà de la 6e place et qui reste l'une des quatre équipes d'Angleterre à ne pas avoir connu la relégation, présente des statistiques édifiantes ! Avec un nombre record de 9 finales successives de Premiership, jouées de 2005 à 2013, et 7 trophées en Coupe d'Angleterre, c'est également le club le plus titré du championnat anglais depuis sa création, avec 10 victoires. Il fut le premier vainqueur de la compétition, en 1988.

Les Tigres sont aussi les seuls du pays à s'être toujours qualifiés pour la Coupe d'Europe, gagnant 2 fois cette compétition, en 2001 et 2002.

LONDON IRISH

COMME SON NOM L'INDIQUE, LE LONDON IRISH EST LE CLUB DES IRLANDAIS DE LONDRES.

Il fut créé en 1898 par de jeunes émigrés irlandais, d'où le surnom de l'équipe : « les Exilés » ! Unis par un sentiment identitaire ainsi que par la passion du rugby, ils ont copié le modèle des Gallois et des Écossais de Londres.

Ce n'est qu'à partir de 1923 que le London Irish va véritablement prendre son essor, après avoir durement souffert de la Première Guerre mondiale (beaucoup de joueurs furent enrôlés dans l'armée et tombèrent au champ d'honneur) mais aussi de la guerre civile en Irlande.

Très attachés à leurs racines, les joueurs portent logiquement les couleurs de l'Irlande, évoluant ainsi avec des maillots verts ornés d'un écusson représentant sur fond blanc le trèfle irlandais ainsi que les armes de Londres – la croix de saint Georges et l'épée de saint Paul, saint patron de la ville. La mascotte de ces Exilés est un autre clin d'œil à l'Irlande. Il s'agit d'un Irish wolfhound (lévrier irlandais) prénommé Digger, dont les performances pour soulever la ferveur populaire sont remarquables, au point d'ailleurs de remporter en 2003 le très sérieux titre de Meilleure Mascotte du championnat anglais derrière le non moins sérieux Sharky, le requin des Sharks !

Pour les supporters aussi, les symboles irlandais sont importants. Leur pays d'origine est tellement présent que lors des rencontres de première ligue anglaise, afin de manifester leur fibre patriotique, c'est bien le célèbre « Fields of Athenry » qui est entonné avec le même enthousiasme que dans les stades du Munster et de Connacht.

LONDON IRISH RUGBY FOOTBALL CLUB

FONDÉ EN 1898

COULEUR : VERT

STADE : MADEJSKI STADIUM (24 200 PLACES)

VAINQUEUR DE LA COUPE D'ANGLETERRE EN 2002

Ce club historique a compté parmi ses joueurs le plus jeune capitaine de l'équipe d'Irlande, Rob Saunders, alors âgé de 22 ans en 1991. Mais habituée des dernières places malheureusement, l'équipe attend encore de connaître un nouvel âge d'or comme lors de la saison 2001-2002, probablement la plus réussie des London Irish. Ils terminent cette année-là 4e du championnat et remportent également la Coupe d'Angleterre. Ils se distingueront une nouvelle fois en 2008 en atteignant les demi-finales de la Coupe d'Europe, qu'ils perdront contre Toulouse. L'arrivée programmée pour la saison 2015-2016 de Ben Franks, l'ancien pilier des All Blacks, champion du monde en 2011, permettra peut-être aux London Irish de jouer les premiers rôles.

LONDON WASPS

QUE L'ON SE RASSURE, IL N'Y A PAS PLUS DE GUÊPES À LONDRES QUE DANS LE RESTE DU MONDE.

Wasps (les « guêpes »), c'est pourtant bien le nom du célèbre club de la capitale anglaise. Même si les ailiers de l'équipe première viennent butiner dans les défenses et agacer les adversaires, cette appellation relève tout simplement d'une mode à l'époque victorienne, qui consistait à donner aux clubs des noms d'animaux.

LONDON WASPS HOLDINGS LTD

FONDÉ EN 1867

COULEURS : NOIR ET JAUNE

STADE : RICOH ARENA (32 609 PLACES)

6 FOIS CHAMPION D'ANGLETERRE, 3 FOIS VAINQUEUR DE LA COUPE D'ANGLETERRE, CHAMPION D'EUROPE EN 2004 ET 2007

Les Wasps naissent ainsi en 1867 de la scission du Hampstead Football Club après que les dirigeants ont décidé de le rebaptiser Harlequins. Mécontents de ce nouveau sobriquet qu'ils jugeaient peu flatteur, plusieurs joueurs et membres des Harlequins partirent pour créer un club rival, les Wasps. Les couleurs étaient alors toutes trouvées : noir et jaune ! Sans surprise, une drôle de guêpe posée sur un ballon de rugby bourdonne sur l'écusson.

Les Wasps, qui sont restés à Londres jusqu'en 2014 et évoluent depuis 2015 à Coventry, peuvent se vanter d'avoir l'un des plus beaux palmarès du rugby anglais. Depuis le début du XXIe siècle, le club a remporté au moins une fois toutes les compétitions auxquelles il a participé. L'un de ses joueurs les plus emblématiques est très certainement Lawrence Dallaglio. Retraité depuis 2008, ce troisième ligne extrêmement puissant, ancien capitaine de l'équipe nationale et des Wasps, peut s'enorgueillir d'avoir soulevé deux coupes du monde dans deux disciplines différentes : l'une en 1993 au rugby à VII, l'autre en 2003 avec le XV de la Rose.

Quoi de plus normal que de retrouver ce club, l'un des plus vieux d'Angleterre, dans la liste des fondateurs de la Rugby Football Union (RFU), la fédération anglaise de rugby ? Pourtant, son nom n'apparaît pas dans les statuts. Et pour cause ! Il semblerait que l'émissaire dépêché par le club pour s'asseoir à la table des illustres membres fondateurs de la non moins illustre fédération le 26 janvier 1871 avait un goût prononcé pour le breuvage local. Il alla ainsi de pub en pub se délecter de cette boisson rafraîchissante mais si alcoolisée… qu'il en oublia l'adresse de la cérémonie d'inauguration ! Voilà comment les Wasps perdirent le droit de figurer parmi les clubs à l'origine de la RFU.

LONDON WELSH

L'IDENTITÉ GALLOISE (*WELSH* EN ANGLAIS) EST LE MOTEUR DE CE CLUB ET DE SES SUPPORTERS.

Elle se retrouve donc bien évidemment dans les couleurs des tenues, le rouge et le blanc empruntés au drapeau national. Un dragon, figure emblématique et traditionnelle du pays de Galles, noir ici, est reproduit sur le maillot au niveau du ventre. Des écailles (de dragon) apparaissent sur les épaules. L'écusson fait aussi référence à leur pays d'origine ainsi qu'à la ville de Londres qui les accueille, puisqu'un dragon rouge brandit une bannière ornée de la croix de saint Georges accompagnée de l'épée de saint Paul, les armes de la capitale anglaise.

Le London Welsh voit le jour en 1885. Inspirés par l'exemple des Écossais de Londres qui ont formé un club neuf ans plus tôt, des Gallois installés en Angleterre décident de créer leur équipe de rugby à Richmond upon Thames. Ce sont tous des joueurs ou des passionnés de rugby désireux de se retrouver entre eux, non sans une certaine nostalgie du pays de Galles. Comme leurs voisins écossais ou irlandais de la ville, ils sont surnommés les « Exilés ».

Avec un palmarès ne comportant aucune victoire en championnat ou dans un tournoi majeur et une relégation en deuxième division en 2013-2014, les London Welsh peinent à se débarrasser de cette réputation de valeureux mais éternels perdants qui leur colle au maillot.

LONDON WELSH RUGBY FOOTBALL CLUB

FONDÉ EN 1885

COULEURS : ROUGE, NOIR ET BLANC

STADE : KASSAM STADIUM (12 500 PLACES)

PALMARÈS : SANS

La montée en première division, quel que soit le sport, est généralement synonyme de fête. Mais cela peut devenir aussi un calvaire tant il est parfois difficile, voire douloureux de se maintenir. Et ça, ce n'est pas le London Welsh qui le contestera. Luttant pour sa survie en Premiership, le club gallois de Londres a décroché pour la saison 2014-2015 un record bien peu glorieux, celui du plus grand nombre de matchs perdus, toutes compétitions confondues.
En championnat, fait exceptionnel, il termine bon dernier après 22 défaites sur 22 matchs joués, avec un seul petit point obtenu… sur bonus défensif. Mais le club peut compter sur son équipe féminine, créée en 1985, ce qui en fait l'une des plus anciennes du pays encore en activité, pour redorer le blason des Welsh !

NEWCASTLE FALCONS

LES « FAUCONS DE NEWCASTLE », QUEL NOM MAJESTUEUX POUR UNE ÉQUIPE DE RUGBY !

Pourtant, point de faucons dans cette partie du nord-est de l'Angleterre, mais seulement l'ambition, en 1996, d'un homme d'affaires anglais de monter un club omnisports digne du grand Barcelone. Il va ainsi créer le Newcastle Sporting Club après avoir racheté le club de football – le Newcastle FC, surnommé les Magpies (les « pies ») –, celui de basket – le Newcastle Eagles (les « aigles ») –, celui de hockey – le Newcastle Wasps (les « guêpes ») –, et enfin celui de rugby – le Newcastle Gosforth, du nom du quartier situé au nord de Newcastle. C'est là que des collégiens de l'école de Durham avaient fondé en 1877 le Gosforth Football Club.

NEWCASTLE FALCONS

NEWCASTLE FALCONS

FONDÉ EN 1877

COULEURS : NOIR ET BLANC

STADE : KINGSTON PARK (10 200 PLACES)

CHAMPION D'ANGLETERRE EN 1998, 4 FOIS VAINQUEUR DE LA COUPE D'ANGLETERRE

Pour s'aligner sur les autres sports du club de Newcastle qui arborent des surnoms d'animaux, mais aussi pour des raisons marketing, les dirigeants vont rebaptiser l'équipe de rugby les Newcastle Falcons et emprunter les couleurs de cet animal (le noir et le blanc), remplaçant de fait les couleurs historiques (le vert et le blanc) de l'école où étaient scolarisés les membres fondateurs. Bien entendu, l'écusson représente un faucon stylisé.

Les supporters des Falcons ont eu la chance d'admirer les débuts en tant que professionnel en 1997, à seulement 18 ans, de celui qui deviendra l'un des tout meilleurs joueurs au monde, Jonny Wilkinson. Il restera au club jusqu'en 2009 avant de rejoindre le Racing Club de Toulon.

Alors joueur des Newcastle Falcons, Jonny Wilkinson s'est rendu indispensable en équipe d'Angleterre au poste de demi d'ouverture. Il se distingue une nouvelle fois en 2003 lors de la Coupe du monde. Après avoir été l'un des acteurs majeurs des quarts de finale en marquant 23 des 28 points de son équipe contre les Gallois, Wilko réitère en demi-finale contre la France, auteur à lui seul de tous les points de l'Angleterre qui s'impose 24 à 7. Mais il s'illustrera surtout lors de la finale gagnée contre l'Australie grâce à un superbe drop à seulement 26 secondes de la fin du temps règlementaire alors que les deux équipes sont à égalité. Le génial gaucher osera ce coup, offrant ainsi la première Coupe du monde aux Anglais, en tapant… du pied droit !

NORTHAMPTON SAINTS

PAS VRAIMENT DES « SAINTS », LES PETITS GARS DE LA PREMIÈRE ÉQUIPE DE NORTHAMPTON !

Elle fut créée en 1880, sous le nom de Northampton St James, par le révérend Samuel Wathan Wigg qui voulait permettre aux fortes têtes de sa paroisse de se défouler de manière constructive. Sa philosophie était aussi simple qu'étonnante : « le rugby est un sport de voyous fait pour les transformer en gentlemen. » Bien que l'histoire ne dise pas si les jeunes sont tous devenus des gentlemen, ils ont en tout cas contribué au développement d'un club au palmarès impressionnant. Les Saints ont tout gagné, tant au niveau national qu'au niveau européen. Leur maillot, d'abord noir et vert, puis avec une touche de jaune ajoutée en 1905 lors d'un match contre les redoutables All Blacks, est donc très connu du monde de l'ovalie, et ce, bien au-delà des terrains anglais.

L'écusson, référence aux armes de Northampton, représente le « traditionnel » château à trois tours entouré par deux lions ailés et… auréolés comme des saints. On distingue également une rose, symbole de l'Angleterre, ainsi que trois coquilles Saint-Jacques, ce qui nous rappelle que James se traduit par Jacques en français. Une petite coquetterie a enfin été ajoutée sous le col de certains maillots avec la discrète reproduction d'un saint jouant au rugby.

Personne ne sera surpris en apprenant que la célèbre chanson « When the Saints Go Marching In » est devenue l'hymne du club.

NORTHAMPTON SAINTS RUGBY FOOTBALL CLUB

FONDÉ EN 1880

COULEURS : NOIR, VERT ET JAUNE

STADE : FRANKLIN'S GARDENS (13 601 PLACES)

CHAMPION D'ANGLETERRE EN 2014, VAINQUEUR DE LA COUPE D'ANGLETERRE EN 2010, CHAMPION D'EUROPE EN 2000

Au début du XXe siècle, le club des Saints continua sa progression au point de voir son premier joueur sélectionné en équipe nationale en qualité de capitaine. Il s'agissait d'Edgar Mobbs, qui devint lors de la Première Guerre mondiale un véritable héros. Jugé d'abord trop vieux pour combattre dans l'armée de sa Majesté, Mobbs décida tout simplement de créer son propre bataillon sous le nom des « Sportsmen » ou encore des « Mobbs' Own ». Sur le champ de bataille comme sur le terrain, Mobbs se distingua. Mais lors de l'attaque d'un poste de mitrailleuse à Ypres, il perdit la vie en juillet 1917. Un mémorial lui est dédié à Northampton et un match opposant une équipe militaire aux Saints est joué en son honneur tous les deux ans et permet de recueillir des fonds pour les jeunes rugbymen de la région.

SALE SHARKS

VOILÀ UNE DRÔLE D'ANECDOTE QUI EXPLIQUE LE NOM ACTUEL DU CLUB DE LA VILLE DE SALE, DANS LE NORD DE L'ANGLETERRE.

Rien à voir avec la présence d'éventuels requins (*sharks*) dans la région, lesquels visitent rarement le port le plus proche, Manchester. C'est lors du passage au rugby professionnel que les dirigeants du club alors connu sous le nom de Sale Rugby décident de retenir une dénomination disons plus vendeuse, susceptible d'attirer les sponsors. Un cinéphile autour de la table de réflexion, fan de *West Side Story*, va ainsi proposer les Sharks pour l'équipe première et les Jets pour les juniors, en référence… aux deux gangs qui s'affrontent dans la fameuse comédie musicale.

Si le club, qui est l'un des plus anciens du pays, comprend probablement quelques bagarreurs dans son effectif, à l'instar du film, il a surtout formé plusieurs joueurs qui évolueront en équipe d'Angleterre. Il a aussi compté dans ses rangs de nombreuses stars internationales, comme le Français Sébastien Chabal (alias Cave Man, « l'homme des cavernes », à cause de son impressionnante barbe et de ses cheveux longs) ou le All Black Luke McAlister, qui signa en 2007 après avoir été en partie responsable de la défaite des Néo-Zélandais en quart de finale de la Coupe du monde. Philippe Saint-André, recruté en 2004 en tant qu'entraîneur, mènera le club vers son second titre en Challenge européen en 2005 et celui de champion d'Angleterre en 2006.

Sans surprise, un requin figure sur l'écusson des Sharks, qui portent un maillot bleu marine (qui évoque la mer) et blanc (qui rappelle la couleur du grand squale) sous forme de bandes horizontales coupées par un motif en forme d'aileron.

SALE SHARKS RUGBY UNION FOOTBALL CLUB

FONDÉ EN 1861

COULEURS : BLEU MARINE ET BLANC

STADE : SALFORD CITY STADIUM (12 000 PLACES)

CHAMPION D'ANGLETERRE EN 2006

C'est lors d'un match de poule en Coupe d'Europe qui oppose Sale au Stade Français, le 10 décembre 2006, que Sébastien Chabal se fait tout particulièrement remarquer. Devant plus de 44 000 spectateurs, au Parc des Princes, le Français va marquer un superbe essai de plus de 50 mètres à la suite d'une interception de passe d'Augustin Pichot. Sale revient à 4 points des Parisiens mais perdra le match 27 à 16 et sera éliminé de la Coupe d'Europe. Malgré la défaite des Sharks, la prestation de Chabal motivera son retour en équipe de France lors du Tournoi des six nations en 2007.

SARACENS

DES « SARRASINS » *(SARACENS)* EN TERRES LONDONIENNES ?

Curieuse bannière pour une équipe de rugby ! Mais elle est finalement à l'image de ce club quelque peu atypique, qui se distingue dès son origine avec un nom de baptême loin d'être choisi au hasard. Pour narguer le club voisin des Crusaders (les « Croisés »), quelques étudiants pleins d'humour de l'école philologique de Marylebone, un quartier de Londres, décidèrent, en 1876, de créer le très sérieux club des Saracens, en hommage aux guerriers musulmans qui combattirent au Moyen Âge les... croisés chrétiens. Le plus célèbre des chefs sarrasins était Saladin, considéré comme un valeureux adversaire par Richard Cœur de Lion lors de la troisième croisade, au XIIe siècle. Réputés pour leur très grande mobilité et leur endurance, leur combativité et leur courage, ces guerriers semblaient souvent invincibles.

Ce sont ces valeurs et cette même image d'invincibilité qui inspirèrent les dirigeants du club, au point qu'ils utilisèrent ces références historiques jusque dans leur écusson. En reproduisant d'abord un casque et un sabre de guerrier, puis, aujourd'hui, une étoile et un croissant, symboles de l'islam. Enfin, le club a choisi comme mascotte un dromadaire coiffé d'un fez (chapeau porté au Maghreb) prénommé Sarrie. Il s'agit d'un clin d'œil rigolo au fait qu'à la création des Saracens l'équipe passait son temps à se déplacer parce qu'elle jouait sur neuf terrains différents.

Pour la petite histoire, il faut préciser que les Crusaders, les rivaux des débuts, fusionnèrent avec les Saracens deux ans après la création de ces derniers.

SARACENS FOOTBALL CLUB

FONDÉ EN 1876

COULEURS : NOIR, ROUGE ET BLANC

STADE : ALLIANZ PARK (10 000 PLACES)

CHAMPION D'ANGLETERRE EN 2011 ET 2015, VAINQUEUR DE LA COUPE D'ANGLETERRE EN 1998 ET 2015

Les Saracens sont riches en surnoms. Le plus courant n'est autre que les Men in black (« Hommes en noir ») du fait de la couleur dominante sur leur maillot. Toutefois, si les Sarries – autre surnom alloué aux joueurs de l'équipe pro –, repris en 1995 par deux investisseurs sud-africains, ont certes compté dans leurs rangs de nombreuses stars internationales, bon nombre venaient d'Afrique du Sud plutôt que des studios hollywoodiens. D'où le sobriquet de Saraboks, contraction de *Saracens* et *Springboks*, le surnom des joueurs de l'équipe d'Afrique du Sud, qui désigne des gazelles d'Afrique méridionale. Mais sur le terrain, ce n'est plus du folklore, comme le confirme la toute récente victoire des Saracens en Coupe d'Angleterre pour la seconde fois de leur histoire ou celle en championnat !

CELTIC LEAGUE

LA CELTIC LEAGUE, APPELÉE AUSSI PRO 12, EST NÉE EN 2001.

Il s'agit d'un championnat qui oppose 4 équipes irlandaises administrées par l'Irish Rugby Football Union, 4 équipes du pays de Galles regroupées au sein de la Welsh Rugby Union, 2 équipes écossaises affiliées à la Scottish Rugby Union, et, plus surprenant, depuis 2010, 2 équipes italiennes rattachées à la Federazione Italiana Rugby. À croire que sur la « planète ovale » tout est possible ! Mais en réalité, il n'y a rien de très exceptionnel dans cette extension géographique, car si le terme « Celtic » nous fait plutôt voyager vers les îles Britanniques, le nord de l'Italie est lui aussi lié à l'histoire des Celtes, justifiant sa présence dans la compétition.

Autre particularité, ici on ne parle pas de « club » représentant une ville, comme en France, mais de « branche » ou de « franchise » représentant une région, appelée « province ». Les équipes de la Celtic League sont donc composées des meilleurs joueurs de chaque région, qui évoluent par ailleurs dans des clubs locaux.

Le titre est attribué au vainqueur des play-offs (matchs de barrage) qui ont lieu au terme de la saison régulière. En 2014, le Leinster reçoit son 4e trophée, ce qui en fait le club le plus titré de la compétition à égalité avec les Gallois des Ospreys. L'édition 2015 est remportée par un impressionnant Glasgow Warriors qui décroche son tout premier sacre dans l'élite.

GUINNESS PRO12

PAYS DE GALLES

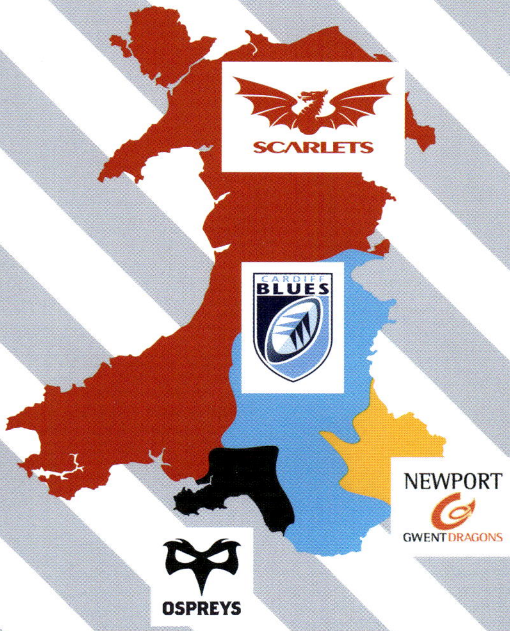

IRLANDE

ÉCOSSE

ITALIE

CARDIFF BLUES

LES BLUES SONT UNE TOUTE JEUNE FRANCHISE DU PAYS DE GALLES.

Ils trouvent pourtant leur source en 1876 avec l'union de deux clubs historiques de la ville de Cardiff, les Glamorgan et les Wanderers, pour former le Cardiff Rugby Football Club. Le tout premier maillot du Cardiff RFC était noir avec une tête de mort en guise d'écusson ! Cette tenue, qui faisait certes trembler les adversaires, ne plaisait pas, mais alors pas du tout aux parents des joueurs. Face à ce mécontentement, les dirigeants décidèrent de changer les couleurs en optant pour le noir et un bleu… Cambridge (!) inspirés par le maillot d'un jeune du club qui étudiait et s'entraînait à la célèbre université anglaise.

En 2003, avec la réorganisation des clubs de rugby gallois, le Cardiff RFC donna naissance aux Blues, l'équipe de la province, qui abandonna le noir pour lui préférer un dégradé de bleu… normal pour des Blues !

L'écusson a lui aussi beaucoup changé. Plus de crâne qui fait peur mais trois chevrons bleus, que l'on retrouve sur la bannière de la ville de Cardiff, dans un ballon ovale sur fond bleu.

Un illustre All Black a porté ce maillot le temps d'une saison, en 2005-2006 : celui qui fut désigné en son temps comme le meilleur joueur au monde, Jonah Lomu.

CARDIFF BLUES (GALLES)

FONDÉ EN 2003

COULEURS : BLEU ET BLANC

STADE : CARDIFF ARMS PARK (52 000 PLACES)

PALMARÈS : SANS

L'une des anecdotes les plus marquantes du club, tant le fait est rare, se déroule en 2009 lors de la Coupe d'Europe. Les Blues vont être éliminés de la compétition en demi-finale sans avoir perdu le moindre match dans le temps réglementaire puis additionnel. Seuls les tirs au but, exceptionnels au rugby, viennent à bout des Gallois qui s'inclinent devant Leicester. Nul doute que les supporters ce jour-là ont fait résonner leur hymne, le célèbre « Land of my Fathers ».

Cardiff fut aussi la première équipe à jouer avec 7 arrières et 8 avants, renonçant au schéma classique de 6 arrières et 9 avants, ce qui révolutionna la philosophie du jeu, favorisant la tactique au défi purement physique.

DRAGONS

PLUS CONNU SOUS LE NOM DE « DRAGONS », CE QUI EST FINALEMENT TOUT À FAIT NORMAL POUR UNE ÉQUIPE GALLOISE, LE CLUB DES NEWPORT GWENT DRAGONS FUT CRÉÉ EN 2003.

Il constitue l'une des quatre franchises régionales engagées en Celtic League, compétition qu'ils n'ont jamais remportée à ce jour. Mais c'est aussi, dit-on, la franchise la plus modeste du pays, qui évolue dans le comté de Gwent et dont le siège est situé dans la ville de Newport. D'où le nom des « Newport Gwent Dragons ».

NEWPORT GWENT DRAGONS

NEWPORT GWENT DRAGONS (GALLES)

FONDÉ EN 2003

COULEURS : NOIR, ROUGE ET JAUNE

STADE : RODNEY PARADE (11 700 PLACES)

PALMARÈS : SANS

Les joueurs portent un maillot noir et rouge avec des bandes jaunes, couleurs qui sont utilisées historiquement par les deux principaux clubs fondateurs de cette province, le Newport RFC (noir et jaune) et le Ebbw Vale RFC (rouge, vert et blanc) dont les joueurs sont surnommés « les hommes d'acier » ! L'écusson est très classique pour un club gallois et encore plus quand on s'appelle Dragons, avec la reproduction de la queue rouge de l'animal. Enfin, les amateurs auront repéré la discrète inscription « Kingdom of Gwent » (Royaume de Gwent) brodée dans l'encolure du maillot.

Il convient de souligner que cette franchise peine à se populariser, les supporters de rugby dans le sud-est du pays étant plus attachés à leurs clubs locaux, qu'opposent de grandes rivalités, qu'à celui de la province censé les réunir. Ce manque d'engouement se ressent malheureusement dans le palmarès des Dragons et dans la fréquentation du Rodney Parade.

L'un des clubs fondateurs des Dragons, le Newport RFC, exprime, à travers son blason utilisant autant de symboles gallois qu'anglais, toute l'ambiguïté politique de la région de Newport. Cela s'explique avant tout par la situation géographique de la ville nichée dans le Monmouthshire, rebaptisé Gwent, région la plus au sud du pays et frontalière de l'Angleterre, au point qu'on a longtemps considéré le Newport RFC comme un club « anglo-gallois ». Ce sentiment était renforcé par la venue de très nombreux rugbymen anglais dont plusieurs finirent d'ailleurs par jouer dans l'équipe du pays de Galles. Plus de doute cependant aujourd'hui, Newport RFC comme les Dragons appartiennent bien à une province strictement galloise.

OSPREYS

CETTE ÉQUIPE DU PAYS DE GALLES AU PALMARÈS DÉJÀ IMPRESSIONNANT, PUISQU'ELLE EST LA PLUS TITRÉE DE LA CELTIC LEAGUE, EST EN RÉALITÉ TOUTE JEUNE.

En 2003, quand la fédération galloise a décidé de mettre en place un championnat à l'image des provinces d'Irlande, avec cinq, puis quatre sélections régionales dénommées « franchises », les deux plus illustres clubs de la région, Neath RFC et Swansea RFC, se sont associés pour former l'équipe des Neath-Swansea Ospreys qui deviendra en 2005 les Ospreys.

Mais pourquoi choisir ce nom d'Osprey, qui signifie « balbuzard pêcheur » en anglais ? Cet oiseau n'a pourtant pas grand-chose à voir avec la région. Toutefois, il a la particularité d'être noir et blanc, comme les couleurs historiques des deux clubs fondateurs : le noir pour le Neath RFC, dont les joueurs étaient surnommés les All Blacks gallois, et le blanc pour Swansea, dont les joueurs étaient quant à eux qualifiés d'All Whites. Et voilà comment les dirigeants de la franchise ont eu l'idée de retenir le nom de cet animal réunissant les couleurs de ses membres. Bien entendu, la tête du balbuzard est reproduite sur l'écusson, sous forme de masque vénitien. Un logo très sobre, mais aussi très malin, car le maillot des Opsreys est le plus vendu en Europe.

L'équipe peut se vanter d'avoir compté dans ses rangs l'un des tout meilleurs joueurs au monde, Shane Williams. Cet ancien ailier du pays de Galles, véritable anguille tant il devient insaisissable une fois lancé dans les défenses adverses, est le troisième meilleur marqueur d'essais de tous les temps en équipe nationale avec 58 réalisations !

NEATH-SWANSEA OSPREYS (GALLES)

FONDÉ EN 2003

COULEURS : NOIR ET BLANC

STADE : LIBERTY STADIUM (20 532 PLACES)

4 FOIS CHAMPION DE CELTIC LEAGUE

Le Liberty Stadium où jouent les Ospreys fut mondialement connu après un concert à guichet fermé en 2008 de la star internationale Elton John. Mais finalement, la musique qui fait le plus vibrer les supporters dans ce lieu n'est autre que celle du film *Gladiator*, de Ridley Scott, intitulée « The Battle », qui résonne à l'entrée des deux équipes avant chaque match. Idéal pour galvaniser les troupes avant la confrontation !

SCARLETS

LES SCARLETS (« ÉCARLATES ») SONT AINSI NOMMÉS À CAUSE DE LA COULEUR ROUGE ÉCARLATE QU'ILS ARBORENT DANS LEUR STADE À LLANELLI.

Cette ville historique du rugby gallois accueille depuis 1872 des matchs de l'ancêtre des Scarlets, le Llanelli RFC. Les joueurs jouaient alors en bleu. Mais un jour de 1884, le XV irlandais, qui rentrait d'une rencontre à Cardiff face à l'équipe du pays de Galles, fit halte ici. Pour mieux se distinguer de ces adversaires inattendus du Trèfle, les joueurs de Llanelli changèrent de couleur. Ils portent depuis le fameux maillot qui leur a valu leur surnom.

Quand furent créées les franchises, en 2003, le nord et l'ouest du pays ont été représentés par la ville, pourtant plus au sud, de Llanelli, eu égard à son histoire (mais ils sont fous ces Gallois !). Le nom était tout trouvé, les Llanelli Scarlets, ainsi que la couleur, l'écarlate mythique assortie d'un léger dégradé de blanc sur le côté.

L'équipe fut toutefois rebaptisée les Scarlets en 2008 afin de ne pas donner l'impression que cette sélection régionale ne concerne que la ville de Llanelli, mais une vaste région rugbystique.

L'écusson, quant à lui, est très classique pour des Gallois, dont le symbole du pays est un dragon rouge. C'est bien celui-ci qui se dresse fièrement sur le cœur des joueurs du Llanelli Scarlets quand ils soulèvent la coupe en 2004.

LLANELLI SCARLETS (GALLES)

FONDÉ EN 2003

COULEURS : ROUGE

STADE : SCARLETS PARK (14 870 PLACES)

CHAMPION DE CELTIC LEAGUE EN 2004

Le club ne semble pas avoir d'hymne officiel, mais les supporters entonnent fréquemment la chanson galloise « Sosban Fach », qui signifie « petite casserole ». C'est le surnom donné au Llanelli RFC en hommage à l'industrie de la région, spécialisée dans la production des matières premières – telles que l'étain ou le fer-blanc – des ustensiles de cuisine comme les… casseroles. Quand les Scarlets jouaient encore dans leur ancien stade, le Stradey Park, ils se faisaient remarquer en suspendant sur les poteaux de nombreux accessoires de cuisine en clin d'œil à l'histoire de la ville de Llanelli.

CONNACHT RUGBY

LE CONNACHT EST LE DERNIER-NÉ DES CLUBS DES PROVINCES IRLANDAISES.

Il fut créé en 1885 et comprend les meilleurs joueurs de la région qui se situe au nord-ouest de l'île. Il s'agit de la plus petite des branches du rugby irlandais mais aussi de la moins titrée, n'ayant à ce jour remporté aucune compétition.

IRISH RUGBY FOOTBALL UNION CONNACHT BRANCH

FONDÉ EN 1885

COULEURS : VERT ET NOIR

STADE : GALWAY SPORTSGROUND (7 000 PLACES)

PALMARÈS : SANS

Le Connacht arbore un maillot à dominante verte avec des lignes noires. Étonnant choix que ce vert, certes très irlandais et dont l'utilisation pour l'équipe première remonte aux années 1950, mais qui ne correspond pas aux couleurs traditionnelles de la province qui sont le bleu, le noir et le blanc. Le blanc vient toutefois d'être réintroduit sur l'épaule droite du maillot de 2015.

L'écusson du Connacht Rugby reproduit, en une version légèrement modifiée, les armes de la province, composées d'une moitié d'aigle, qui figure sur le blason d'une grande famille de Galway, les Brown, et d'un bras brandissant une épée, qui représente les O'Connors, famille qui gouvernait le Connacht avant l'arrivée des Anglo-Normands. Mais pour nous rappeler que nous sommes sur un terrain de rugby et non sur un champ de bataille, ces éléments sont cerclés d'un ballon ovale sur le maillot du club.

Le Connacht joue au Galway Sportsground, petit stade de 7 000 places situé dans la ville de Galway, qui organise également des courses très populaires de lévriers. C'est là qu'on entend vibrer l'hymne du club, le superbe « Fields of Athenry », adopté aussi par le Munster.

Cet hymne, que se partagent deux provinces majeures du rugby irlandais, ce qui n'est tout de même pas courant, est également entonné par les supporters d'autres sports en Irlande. Ainsi, en 2012, s'est déroulée une scène remarquable d'émotion lors de l'Euro de football. Ce chant fut en effet repris par les supporters de l'Irlande, alors qu'elle allait être éliminée de la compétition, pendant six longues minutes avant le coup de sifflet final. Impressionnés par cette ferveur, les journalistes présents dans le stade ont arrêté de commenter le match pour ne laisser résonner que les paroles du « Fields of Athenry ».

LEINSTER

LE LEINSTER RUGBY, COMPOSÉ DES MEILLEURS JOUEURS DES 71 CLUBS AFFILIÉS À CETTE PROVINCE DE L'EST, A ÉTÉ CRÉÉ EN 1879.

Après avoir longtemps joué en vert, couleur de l'équipe nationale, le Leinster évolue aujourd'hui avec des maillots bleus, couleur de Dublin, ville principale de la province et capitale de l'Irlande.

Cette proximité avec les symboles nationaux se retrouve sur l'écusson de l'équipe, orné d'une harpe blanche. Cet instrument figure sur le drapeau du Leinster, avec 12 cordes qui représentent les 12 comtés, mais il s'agit aussi et surtout de l'un des plus anciens symboles d'Irlande, connu sous le nom de Harpe de Brian Boru, Haut Roi d'Irlande au XIe siècle. Il y a encore discorde aujourd'hui pour connaître la véritable raison de sa présence sur les armoiries du pays, mais une explication simple et amusante apparaît si l'on observe la forme de cette île : elle ressemble en effet… à une petite harpe. Le club l'a placée au cœur d'un ballon ovale, surmonté de trois étoiles qui rappellent aux rivaux du Leinster son impressionnant parcours européen.

Le Leinster a compté dans ses rangs l'un des joueurs les plus emblématiques du rugby irlandais, Brian O'Driscoll, retraité depuis le 31 mai 2014 après une ultime victoire en Celtic League. Il est à ce jour le plus capé de l'histoire du rugby avec 141 sélections internationales. Brian O'Driscoll aura été l'un des meilleurs trois-quarts centre au monde. Avec Keith Wood, autre personnage charismatique du XV du Trèfle, il incarne le « *fighting spirit* irlandais » par sa capacité à percer la défense grâce à sa remarquable vitesse et à créer le danger avec une impressionnante résistance aux plaquages, même en pleine course !

IRISH RUGBY FOOTBALL UNION LEINSTER BRANCH

FONDÉ EN 1879

COULEURS : BLEU

STADE : RDS ARENA (18 500 PLACES)

4 FOIS CHAMPION DE CELTIC LEAGUE, 3 FOIS CHAMPION D'EUROPE

De mémoire de supporters, le titre européen remporté en 2011 contre Northampton reste probablement l'un des plus fameux du club tant son scénario fait encore rêver les amateurs de rugby. Alors qu'ils étaient menés 22 à 6 à la mi-temps, les joueurs du Leinster marquent 27 points d'affilée, pour finalement s'imposer 33 à 22 et décrocher leur troisième titre européen tandis que leurs supporters entonnent l'hymne du club et de la ville, « Molly Malone », contant l'histoire d'une belle marchande de poissons qui connut un bien plus triste sort.

MUNSTER

LE MUNSTER RUGBY A ÉTÉ FONDÉ EN 1879 ET PORTE LE NOM DE LA PROVINCE OÙ ÉVOLUE CETTE SÉLECTION DU SUD DE L'ÎLE.

Aucun rapport donc avec le fromage. Les maillots sont rouge et bleu marine, aux couleurs des MacCarthy, une grande famille qui régna sur le Munster du Sud (le Desmond) au Moyen Âge et dont les armées partaient à la guerre avec des drapeaux rouges et des boucliers bleus ornés d'un cerf.

IRISH RUGBY FOOTBALL UNION MUNSTER BRANCH

FONDÉ EN 1879

COULEURS : ROUGE ET BLEU MARINE

STADES : THOMOND PARK (26 500 PLACES) & MUSGRAVE PARK (9 500 PLACES)

3 FOIS CHAMPION DE CELTIC LEAGUE, CHAMPION D'EUROPE EN 2006 ET 2008

Dans le folklore irlandais, cet animal symbolise le courage et la détermination pour défendre son territoire. Valeurs parfaites pour des guerriers... mais aussi pour une équipe de rugby chargée de défendre son en-but contre les incursions de l'adversaire !

Assumant cet héritage, les dirigeants du club ont très logiquement orné leur écusson d'une tête de cerf sur fond bleu et de trois couronnes jaunes, représentant les trois royaumes historiques de la province : Thomond (nord), Desmond (sud), et Ormond (est). Le dessin des trois couronnes était très répandu dans l'Europe médiévale pour évoquer également les Rois mages. Le XV du Munster a en outre repris à son compte la devise des MacCarthy, « *To the brave and faithful, nothing is impossible* » (« Aux courageux et aux fidèles, rien n'est impossible »).

Aujourd'hui, le Munster joue au Thomond Park à Limerick, dont les 26 500 spectateurs vous font frissonner quand ils se mettent à entonner le superbe hymne « The Fields of Athenry » ; pourtant, Athenry est une ville fortifiée d'une autre province du rugby, Connacht !

Si le Munster est reconnu dans le monde entier, tant pour son impressionnant palmarès que pour sa remarquable victoire contre les All Blacks en 1978 (un exploit qu'aucune autre équipe irlandaise n'a pu réaliser à ce jour), ses supporters le sont tout autant pour leur enthousiasme et leur ferveur lors des matchs des « Munstermen ». Surnommés la Red Army (l'« armée rouge ») en référence au maillot du club, ils sont aussi très respectés pour leur attitude pendant les coups de pied de l'équipe adverse. Le silence est tel, dans la plus grande tradition du rugby, que l'on peut alors entendre les mouches voler dans le stade.

ULSTER RUGBY

L'ULSTER RUGBY, LE CLUB À L'ÉTRANGE « MAIN ROUGE » !

Cette sélection du nord-est de l'île, créée en 1879, joue en blanc avec des bandes rouges, couleurs historiques du drapeau de l'Irlande du Nord, qui rappellent aussi les couleurs de l'Angleterre. Mais pourquoi donc utilise-t-elle une main comme signe distinctif ?

IRISH RUGBY FOOTBALL UNION ULSTER BRANCH

FONDÉ EN 1879

COULEURS : BLANC ET ROUGE

STADE : KINGSPAN STADIUM (12 500 PLACES)

CHAMPION DE CELTIC LEAGUE EN 2006, CHAMPION D'EUROPE EN 1999

Paume grande ouverte au centre de l'écusson, entourée de deux ballons de rugby qui s'entrecroisent, cette main est en réalité le symbole de la province. L'origine de ce blason est un peu particulière, voire barbare. La légende raconte qu'au XIe siècle deux prétendants au trône d'Irlande du Nord s'affrontèrent non par les armes mais lors d'une course de bateaux afin de désigner le futur roi. La règle était simple. Le premier qui toucherait les côtes du pays l'emporterait et règnerait en maître sur le royaume. Se voyant distancé, l'un des concurrents, du clan O'Neill, décida de tenter le tout pour le tout… en se coupant la main afin de la lancer vers le rivage. Geste fou mais qui lui permit d'être couronné, sa main arrivant sur les terres irlandaises avant tout le monde.

Cette main sanglante, figure identitaire de la province, est encore présente dans la devise du club « *Lámh Dhearg Abú* », qui signifie « la main rouge de la victoire » en irlandais. Une devise que l'on retrouvera dans les travées du Kingspan Stadium, nouveau nom du stade de l'Ulster, à Belfast. On y entendra également l'hymne du club, « Stand up for the Ulstermen » (« Lève-toi pour les hommes de l'Ulster »). Une version arrangée, « Raise Your Ulster Hands Up High », évoque une nouvelle fois la main de l'Ulster.

En 1999, l'Ulster devient, sur ses terres à Dublin, dans le mythique Lansdowne Road, la première province irlandaise championne d'Europe en battant Colomiers. La victoire est d'autant plus remarquable que l'équipe est encore composée de plusieurs joueurs amateurs. Mais les saisons se suivent... et ne se ressemblent pas. Dès l'année suivante, l'Ulster perdra en effet tous ses matchs de poule et sera éliminé de la compétition avec une moyenne de 30 points encaissés par match.

EDINBURGH

L'ÉQUIPE DE LA PROVINCE D'ÉDIMBOURG A ÉTÉ FONDÉE EN 1996 À L'IMAGE DES PROVINCES IRLANDAISES.

Mais ses racines remontent à 1872, avec le club de la ville d'Édimbourg qui a la particularité d'avoir disputé le tout premier match « interdistrict » au monde, contre l'équipe rivale de Glasgow, le 23 novembre 1872.

Edinburgh a longtemps joué en bleu foncé (couleur très utilisée par les équipes écossaises) avec un pantalon blanc. Eh oui, à l'époque les joueurs ne portaient pas de short, ils mettaient même des bas, bruns. Ces couleurs étaient celles des équipes de l'université d'Édimbourg et du Edinburgh Academy, l'un des plus prestigieux lycées de la ville dont les clubs, créés en 1857, sont les plus vieux d'Écosse et parmi les plus vieux au monde. L'équipe joue aujourd'hui en noir et rouge, car on retrouve ces couleurs sur les maillots des Border Reivers, une province qui a fusionné avec celle d'Édimbourg à cause de problèmes financiers en 1998. La nouvelle province fut alors nommée Edinburgh Reivers puis finalement Edinburgh Rugby. Par ailleurs, elle dut renoncer à son surnom de Gunners en 2006 après une menace de procès de l'équipe anglaise de football d'Arsenal, qui avait déposé la marque.

L'écusson représente aujourd'hui le drapeau de la ville d'Édimbourg, son château aux trois tours surmontées de trois drapeaux rouges, le tout cerclé dans un ballon de rugby.

EDINBURGH RUGBY (ÉCOSSE)

FONDÉ EN 1872

COULEURS : NOIR ET ROUGE

STADE : MURRAYFIELD STADIUM (68 500 PLACES)

PALMARÈS : SANS

Border Reivers est certes le nom du club ayant fusionné avec Edinburgh, mais il s'agit aussi et surtout des pillards qui sévissaient près de la frontière anglo-écossaise, région dite des Borders, du XIIIe au XVIIe siècle. Quelques siècles plus tard, les boucliers et les glaives des brigands seront remplacés par des ballons de rugby, sport qui prendra une importance toute particulière dans cette région qui sera la première au monde à organiser une compétition de rugby à XV, la Border League.

GLASGOW WARRIORS

UN VRAI NOM DE GUERRIER POUR UNE ÉQUIPE DE RUGBY, VOILÀ DE QUOI FAIRE TREMBLER LES ADVERSAIRES !

Pourtant, le club des Warriors, dont le siège est à Glasgow, plus grande ville du pays sans toutefois en être la capitale, ne présente pas vraiment un palmarès de *warrior* : souvent second, jamais premier... jusqu'en 2015 où il décroche enfin son premier titre en Celtic League.

GLASGOW WARRIORS (ÉCOSSE)

FONDÉ EN 1997

COULEURS : NOIR ET BLEU

STADE : FIRHILL STADIUM (10 900 PLACES)

CHAMPION DE CELTIC LEAGUE EN 2015

L'origine de ce club régional remonte à 1995 quand la fédération écossaise de rugby décida de lancer quatre franchises regroupant les meilleurs joueurs locaux afin de participer à la Coupe d'Europe. C'est ainsi qu'une franchise fut établie à Glasgow sous le nom de Glasgow Rugby. Mais des problèmes financiers contraignirent la fédération à regrouper les quatre provinces pour n'en garder que deux, Édimbourg et Glasgow. Cette dernière fusionna alors avec les bien nommés Caledonia Reds (« Caledonia » est un terme qui désigne les Écossais et « Reds » renvoie à la couleur rousse de leurs cheveux). Le club fut d'abord baptisé Glasgow Caledonian, puis devint plus simplement Glasgow Rugby en 2002 et enfin Warriors en 2005, semble-t-il pour des raisons marketing. Le choix fut fait par les supporters auxquels une liste de trois noms avait été soumise.

Les couleurs historiques étaient le rouge (référence aux Reds), le bleu et le noir. Aujourd'hui, les maillots utilisent uniquement le noir (ou bleu très foncé) et le bleu ciel du drapeau écossais. Le rouge a été abandonné. L'écusson pousse le folklore jusqu'au bout avec la reproduction d'un redoutable guerrier armé d'un bouclier, prêt à frapper et tenant un ballon de rugby !

Les Warriors ont compté dans leurs rangs le premier joueur à avoir franchi la barre des 1 000 points marqués en Celtic League, Dan Parks. Aujourd'hui âgé de 37 ans et toujours joueur professionnel avec la province irlandaise de Connacht, Dan Parks s'est aussi distingué lors d'un match du Tournoi des six nations en 2012. Alors que l'Écosse mène 6 à 3 devant des Anglais qui ne sont que l'ombre d'eux-mêmes en première mi-temps, Parks tente une passe au pied à la 41e minute, interceptée par un joueur adverse qui inscrit l'essai permettant à l'Angleterre de revenir dans le match avant de le remporter sur un score de 13 à 6. Une petite bévue qui coûtera la victoire à l'Écosse mais surtout qui provoquera la retraite internationale de Parks.

BENETTON RUGBY

LE CLUB ITALIEN DU BENETTON RUGBY TREVISO, INSTALLÉ À TRÉVISE, S'EST D'ABORD APPELÉ FAEMA TREVISO.

Puis Ignis Treviso ou encore Metalcrom Treviso, avant que la célèbre famille Benetton, connue pour sa marque de vêtements, ne reprenne le club en 1979.

BENETTON RUGBY

BENETTON RUGBY TREVISO (ITALIE)

FONDÉ EN 1932

COULEURS : VERT ET BLANC

STADE : STADIO COMUNALE DI MONIGO (6 700 PLACES)

15 FOIS CHAMPION D'ITALIE, 4 FOIS VAINQUEUR DE LA COUPE D'ITALIE

Le maillot de l'équipe était à l'origine un rayé bleu et blanc. Il est aujourd'hui vert et blanc, couleurs en partie de l'Italie (il manque le rouge) mais surtout du sponsor. Luciano Benetton a retenu ces couleurs pour son entreprise, le vert et le blanc étant symboles de paix. L'écusson affiche non pas un pull Benetton mais un lion, très fier, blason de la République de Venise et de la Vénétie, la province où évolue le Benetton Trévise. Il tient un ballon de rugby entre ses pattes.

Parmi les joueurs du Benetton Rugby, Ivan Francescato marqua l'histoire du club. Issu d'une fratrie de six enfants, tous rugbymen, Ivan s'est distingué en inscrivant 16 essais dans sa carrière pour l'équipe d'Italie, dont 1 essai contre l'équipe de France en 1997. Suite à son décès d'une rupture d'anévrisme, le club décida de ne plus attribuer son numéro, le 13. C'est la première fois dans le monde du rugby, où chaque numéro correspond à un poste précis, que l'on en supprime un.

De nombreux Français sont venus entraîner le club de Trévise, dont l'un des plus emblématiques est Pierre Villepreux. L'histoire avec la France ne s'arrête pas là. Trévise s'inscrit dans la tradition du jeu à la française, importé par des émigrants de Vénétie. Ces hommes, le plus souvent des paysans, étaient partis s'installer dans le sud-ouest de l'Hexagone, où ils avaient été initiés à leurs heures perdues au rugby. De retour en Italie, ils ont développé ce sport sur une terre ancrée dans le football. Cette histoire explique pourquoi le surnom de la Vénétie n'est autre que le « petit Sud-Ouest » et que le modèle de jeu à Trévise, c'est le rugby français.

ZEBRE

MAIS QUELLE MOUCHE A BIEN PU PIQUER NOS AMIS ITALIENS DES ZÈBRES POUR S'ATTRIBUER UN TEL NOM ?

Le zèbre n'est pas vraiment italien. Pourtant, c'est bien le nom de la franchise de rugby à XV qui dispute la Celtic League depuis 2012 et l'European Rugby Challenge Cup en 2014. Ils sont donc tout à fait sérieux, ces Zèbres-là !

Trouvant son origine en 1973, le Zebre Rugby fut créé, dans sa forme actuelle, en 2012 sous le contrôle de la fédération. Ce qui signifie que c'est la fédération en collaboration avec le sélectionneur national qui s'occupe en partie du recrutement. Le club est une rampe de lancement pour jouer dans l'équipe d'Italie.

Les Zèbres, qui disputent les rencontres à domicile à Parme, doivent leur nom à leurs couleurs : noir et blanc. Mais le choix de ces couleurs reste un peu énigmatique. Quoique ? Elles rappellent immanquablement les rayures noires et blanches d'un très grand club voisin du Nord, de football celui-ci, la mythique Juventus de Turin. Ou encore celles que portent depuis toujours les célèbres Barbarians britanniques. C'est probablement en hommage à ces prestigieuses équipes que les Zèbres reprirent ce code couleur et trouvèrent leur nom de baptême.

Pour l'écusson, aucune surprise : il s'agit d'un zèbre avec un postérieur en forme de ballon de rugby et un museau aux couleurs du drapeau italien, vert, blanc et rouge.

ZEBRE RUGBY (ITALIE)

FONDÉ EN 2012

COULEURS : NOIR ET BLANC

STADE : XXV APRILE STADIUM (5 000 PLACES)

PALMARÈS : SANS

Le célèbre maillot noir et blanc du club de football de la Juventus de Turin est né d'un drôle de malentendu. Au début du XXe siècle, la Juventus jouait en rose mais, confrontés à la mauvaise tenue de cette couleur sur les maillots, les dirigeants voulurent la troquer contre le rouge du club anglais du Nottingham Forest. Hélas, une erreur de commande entraîna la livraison des maillots du Nottingham County, le plus vieux club de foot au monde qui jouait… en noir et blanc. Ces couleurs qui symbolisent la simplicité, l'austérité, l'agressivité et le pouvoir furent gardées par le club et devinrent une référence mondiale associées à la Juve (… et bientôt à Parme ?).

COUPE D'EUROPE

FAISANT SUITE À L'ENTRÉE DU PROFESSIONNALISME DANS LE RUGBY, CETTE COMPÉTITION ENTRE LES CLUBS ET LES PROVINCES-FRANCHISES D'EUROPE EST NÉE EN 1995, À L'INITIATIVE DU COMITÉ DU TOURNOI DES CINQ NATIONS.

En 1996 fut créé le Challenge européen, la « petite » Coupe d'Europe. Ces tournois se déroulent annuellement, du mois d'octobre au mois de mai.

Suite à la réforme de 2014, la Coupe d'Europe est désormais managée par l'EPCR (European Professionnal Club Rugby). La « Champions Cup » ne comprend plus que 20 participants (contre 24 auparavant). Elle est organisée en 5 poules de 4 équipes, sous forme de rencontres aller-retour, d'où sortent 8 quart-de-finalistes : les 5 premiers de chaque poule et les 3 meilleurs deuxièmes. Les 4 équipes les mieux classées recevront à domicile, ce qui est un avantage certain. Le vainqueur est sacré champion d'Europe.

Ces 20 concurrents sont désignés selon leur classement dans leur championnat respectif : les 6 premiers anglais, les 6 premiers du TOP 14 et les 7 premiers de la Celtic League, dont au moins 1 équipe de chaque pays (Irlande, Écosse, pays de Galles et Italie). Pour la 20e place, il y a barrage entre le 7e anglais et le 8e « celte », le vainqueur de ce duel rencontrant ensuite le 7e français.

Dans la réforme mise en place, il n'y a plus de passerelle entre Coupe d'Europe et Challenge européen et les vainqueurs ne sont pas automatiquement qualifiés pour l'année suivante. Le même mode de qualification prévaut également en Challenge : les 18 équipes restantes de Top 14, Celtic League et Premiership composent les poules, ainsi que 2 vainqueurs d'un tournoi opposant des clubs italiens, géorgiens et roumains.

LE PALMARÈS
DE LA COUPE D'EUROPE :

TOULOUSE : 4 TITRES, SUIVI DE LEINSTER ET TOULON : 3 VICTOIRES

MEILLEUR MARQUEUR D'ESSAIS : VINCENT CLERC (36 ESSAIS)

MEILLEUR RÉALISATEUR : RONAN O'GARA (1 365 POINTS)

LE PALMARÈS
DU CHALLENGE EUROPÉEN :

HARLEQUINS : 3 TITRES

MEILLEURS MARQUEURS D'ESSAIS : LES ANGLAIS RICHARD HAUGHTON ET TOM VARNDELL (20 ESSAIS)

MEILLEUR RÉALISATEUR : LUDOVIC MERCIER (520 POINTS)

Le record d'affluence est de 81 774 spectateurs pour suivre la finale, en 2012, à Twickenham, entre les franchises irlandaises de l'Ulster et du Leinster. Cette dernière gagne son 3e titre par 42 à 14.

LE TOURNOI DES SIX NATIONS DE A À Z

A comme...

AVION

C'est un tragique événement qui marque l'édition 1974. En cette avant-dernière journée de la compétition, la France et l'Angleterre se sont séparées sur un score nul. Les supporters anglais s'envolent pour Londres le 3 mars. Quelques minutes plus tard, l'avion s'écrase dans une forêt de Picardie. 345 passagers dont 200 supporters anglais perdent la vie dans cet accident. Le Tournoi ira malgré tout à son terme, 12 jours après, en hommage aux victimes. La victoire des Irlandais dans le Tournoi deviendra anecdotique face à pareil drame.

B comme...

BORGNES

Pour jouer au rugby, il semble indispensable de bénéficier de ses deux mains, mais l'histoire nous apprend qu'il est possible de se passer d'un œil. Le « match des borgnes », c'est ainsi que fut baptisée la partie qui se déroula le 1er janvier 1920 entre la France et l'Écosse, lors de la première édition du Tournoi des cinq nations depuis la fin de la Grande Guerre. La raison en est simple. 5 des 30 joueurs présents sur le terrain, 2 Français et 3 Écossais, étaient borgnes, conséquence des combats auxquels ils avaient participé. Pour la petite histoire, l'Écosse l'emporta face à des Français pas très en jambes, 5 à 0.

C comme...

CRUNCH

Pas d'histoire de chocolat dans ce surnom donné aux matchs qui opposent les Français aux Anglais lors du Tournoi, même si les rencontres sont souvent croustillantes ! *Crunch* est un terme anglais qui signifie « crissement » mais aussi « moment crucial ». Et l'on comprend les raisons de son usage car les confrontations entre ces deux frères ennemis ont souvent été décisives pour le titre. Certes moins dominatrices ces dernières années, la France et l'Angleterre offrent encore un spectacle intense à chaque rencontre.

D comme...

DOMENECH

Amédée Domenech, peu connu du grand public, surnommé le Duc, fut pourtant très populaire dans le monde de l'ovalie. Pilier gauche du XV de France entre 1954 et 1963, désigné meilleur joueur du championnat en 1958, il est considéré comme l'un des tout premiers piliers modernes, capable de rapidité et de vivacité malgré ses 100 kg. Des qualités qui lui valurent, lors d'un match contre l'Angleterre en 1961, d'occuper, en cours de partie, le poste d'ailier à la place du titulaire, à une époque où les blessés n'étaient pas remplacés.

E comme...

ÉGALITÉ

Dans une compétition, il y a toujours un gagnant et un perdant. Toujours ? Ce n'est pourtant pas le cas lors du Tournoi 1973. Les participants, qui ont tous gagné le même nombre de matchs, ont fini à égalité de points. Les officiels se sont alors plongés dans les statuts pour désigner le vainqueur dans pareille situation. La réponse est aussi simple que surprenante. Le règlement ne permet pas de départager les équipes. Cette année-là, 5 vainqueurs ou, au choix, 5 perdants ! Que l'on se rassure, les règles ont été modifiées en 1994 et, depuis 2000 avec une 6e nation, cela ne peut plus arriver.

F comme...

FAIR-PLAY

C'est une valeur qu'incarne parfaitement le capitaine écossais de l'équipe qui affronta la France le 1er janvier 1947, Keith Geddes. Ce jour-là, l'arbitre refusa d'accorder un essai aux Français, considérant que le plaquage de Geddes dans l'en-but avait empêché d'aplatir le ballon. Mais c'était compter sans l'honnêteté de ce joueur qui alla voir l'arbitre pour lui indiquer qu'il y avait bien essai. Quand on sait que la France remporta le match 8 à 3 (soit 1 essai de différence), le comportement de Geddes est encore plus remarquable. Chapeau !

G comme...

GRAND CHELEM

Voilà comment l'on désigne la performance de l'équipe qui remporte tous ses matchs pendant un Tournoi. Mais c'est dans l'univers du bridge que l'expression trouve sa source, sous le nom de *grand slam* (« grand coup »), « grand chelem » en français par déformation phonétique. Elle est importée dans le tennis par un journaliste en 1938. Elle ne sera utilisée pour le rugby qu'à partir de 1957, quand un très illustre journal évoque les 4 victoires de l'Angleterre lors du Tournoi de cette année-là. À ce jour, le XV de la Rose a remporté 12 grands chelems, contre 11 pour les Gallois, 9 pour la France, 3 pour l'Écosse, 2 pour l'Irlande et 0 pour l'Italie.

H comme...

HYMNE

À la veille d'un match, mieux vaut se coucher tôt ! La preuve, trois joueurs français ont bien failli regretter leur soirée à Dublin lors du Tournoi 1920, pendant la guerre d'indépendance. Un peu alcoolisés, ils entrèrent dans un dernier bar avant de regagner leur hôtel. Fidèles à leur réputation, d'accueillants Irlandais demandèrent aux Français de chanter « la Marseillaise », ce qu'ils firent de bon cœur... loin de s'imaginer que cette même « Marseillaise » était devenue l'hymne des républicains irlandais opposés au pouvoir en place. La police arriva, la petite tournée des pubs manqua de se terminer au poste !

I comme...

ITALIE

L'Italie est une terre de foot au point d'en oublier son histoire avec le rugby, qui est pourtant pratiqué depuis plus d'un siècle dans le pays. Il faut attendre le 5 février 2000 pour que la Squadra Azzurra rejoigne ce qui devient alors le Tournoi des six nations. Elle n'a jamais remporté cette compétition, se prévalant de 12 victoires seulement en 16 participations. Mais, capable de battre de grandes équipes comme la France en 2011 et en 2013, l'Italie n'est plus considérée comme une petite nation du rugby.

J comme...

JEU

Le rugby est certes un sport d'engagement, mais c'est avant tout un jeu. Cet état d'esprit fut pourtant oublié lors d'un match d'une grande violence en 1930 opposant les Français aux Gallois. Le coupable tout désigné, le XV tricolore, se vit exclure du Tournoi. Les Britanniques lui reprochaient certes un excès d'agressivité tant sur le terrain que dans les tribunes, mais surtout, et sans l'avouer, la professionnalisation de son championnat, contraire à ce fameux esprit du jeu. Résultat, entre cette sanction et l'interruption du Tournoi pendant la Seconde Guerre mondiale, il fallut attendre quinze ans avant de revoir les Bleus disputer le Tournoi !

K comme...

K-O

Si l'histoire du Tournoi ne manque pas de sorties sur blessure, l'édition 2015 est marquée par trois K-O, dont deux sur un même joueur à quelques minutes d'intervalle. Ce fut d'abord l'ailier gallois George North qui se distingua bien malgré lui lors du match contre l'Angleterre. Après avoir remplacé sans le vouloir le ballon avec sa tête, recevant ainsi la semelle d'un adversaire en pleine figure qui lui fit perdre connaissance, le joueur s'écroula une seconde fois suite à un coup involontaire d'un coéquipier ! Plus impressionnantes encore sont les images, une semaine plus tard, de l'arrière anglais Mike Brown mis K-O par un joueur italien qu'il tentait d'arrêter. Mais que l'on se rassure, il en faut plus pour stopper ces gaillards-là !

L comme...

LONDONDERRY

Ville du nord de l'Irlande, Londonderry, ou Derry, a été marquée par des événements tragiques plus connus sous le nom de *Bloody Sunday* (« dimanche sanglant »). En 1972, en plein conflit nord-irlandais, l'armée britannique ouvre le feu sur une manifestation pacifique et fait 14 morts. Dans un climat d'insécurité après le massacre de Derry, Écossais et Gallois décideront de ne pas jouer leur match à Dublin. Cette année-là, aucun vainqueur du Tournoi ne sera désigné.

M comme…

MUSICIENS

Comment se faire remarquer, quand on est « seulement » musicien, au milieu d'un stade bondé ? Notre fanfare nationale a trouvé la réponse. Il suffit d'interpréter un hymne de telle manière que personne ne puisse le reconnaître, comme ce fut le cas en 1989, quelques minutes avant le coup d'envoi d'un France-Écosse. Les artistes du jour débutèrent la partition au mauvais endroit, rendant le « Flower of Scotland » méconnaissable… le tout en présence d'un membre de la famille royale. Classe !

N comme…

NUL

En 2013, au terme d'une rencontre haletante entre Irlandais et Français, on parla plus du fait que pour la deuxième année consécutive les deux équipes se quittèrent sur un score nul, que de la fabuleuse remontée des Français menés 13 à 3 à la mi-temps. Ces deux formations sont des habituées des scores de parité. En 92 rencontres officielles, l'Irlande et la France n'ont pas réussi à se départager à 7 reprises. Le plus grand nombre de matchs nuls (39) en Tournoi depuis 1883 est toutefois détenu par l'Angleterre.

O comme…

O'GARA

Ronan O'Gara, joueur emblématique du XV irlandais et du Munster avec lequel il gagna la Coupe d'Europe en 2006 et 2008, retraité depuis 2013, fut l'un des plus fameux numéros 10 au monde. Désigné meilleur joueur des 15 premières années de la Coupe d'Europe (1995-2010), il détient le record de points inscrits (1 365) et de matchs joués (110) dans cette compétition. Il est aussi le meilleur réalisateur de points du Tournoi (557) avec 10 essais, 81 transformations, 109 pénalités et 6 drops, dont celui qui offre à l'Irlande son 2e grand chelem, en 2009, à la 78e minute du dernier match. Notons que le meilleur marqueur d'essais du Tournoi avec 26 réalisations est aussi irlandais : Brian O'Driscoll.

P comme…

PROTECTION

Le rugby a la réputation d'être un sport respectueux de l'arbitre. Oui, mais cela n'a pas toujours été le cas. En match d'ouverture du Tournoi de 1913, la France reçoit l'Écosse et joue devant un public de curieux plus habitués au foot qu'à ce sport étrange, ne comprenant pas les décisions du maître du jeu. Une méconnaissance des règles britanniques qui offrit une belle frayeur à l'arbitre obligé, au coup de sifflet final signifiant la victoire de l'Écosse 21 à 3, de quitter le terrain sous la protection des joueurs des deux équipes puis de fuir dans la voiture de l'un d'entre eux face à la colère des supporters.

Q comme…

QUINNELL

Scott Quinnell, ancien joueur du XV gallois, est issu d'une grande famille du rugby. Moins connu que Neil Jenkins ou Shane Williams, ce numéro 8 impressionnant (125 kg pour 1,93 m) se distingua dans le Tournoi 1994 en marquant un superbe essai contre la France après une récupération en touche puis une course monstrueuse de 40 mètres, éliminant pas moins de trois défenseurs tricolores. Cette année-là, les Gallois gagnèrent la compétition. Pour la petite histoire, Quinnell est également le premier détenteur d'un carton jaune sous l'ère des Six Nations, en 2000, contre la France. Pour la première fois aussi, la sanction est un repos forcé de dix minutes.

R comme...

RECORD

L'essai le plus rapide du Tournoi fut marqué par l'Écossais John Leslie lors du match opposant son équipe aux Gallois, le 6 février 1999, seulement 9 secondes après le coup d'envoi ! Mais l'essai le plus rapide du monde, du Gallois Howells, est « flashé » 7 secondes après le début de la rencontre de Coupe du monde des moins de 20 ans, le 2 juin 1999, face aux Fidji.

S comme...

STADES

Twickenham, Lansdowne Road, Stade de France, Millennium Stadium, Murrayfield, Stadio Olimpico... Que de noms qui font vibrer les supporters ! Scène mythique où évoluent 30 bonhommes capables de se surpasser, un stade représente bien plus qu'une simple infrastructure sportive. Il est souvent marqué d'histoire, de records, d'anecdotes. Antres où se sont joués des matchs d'anthologie, faisant parfois couler les larmes et le sang, les terrains de jeu du Tournoi font partie intégrante du sport et contribuent à l'émotion ressentie.

T comme...

TROPHÉES

Pas de Tournoi sans récompense... mais ce n'est qu'en 1993 qu'un trophée est officiellement remis au vainqueur de la compétition. Le créateur de la coupe, conçue à l'époque où 5 pays s'affrontaient, avait prévu qu'elle puisse contenir 5 bouteilles de champagne. D'autres trophées sont attribués pendant le Tournoi. Celui de la **Triple Couronne** (disputée depuis 1883, à l'origine du Tournoi) récompense l'équipe des îles Britanniques qui parvient à battre les 3 autres. La **Calcutta Cup** est accordée à l'issue du match Angleterre-Écosse (depuis 1879). Mais aussi : le **Millennium Trophy** (Angleterre-Irlande, depuis 1988), la **Centenary Quaich** (Écosse-Irlande, depuis 1989), le **Trophée Eurostar** (le Crunch, depuis 2000), et le **Giuseppe Garibaldi** (France-Italie, depuis 2007).

U comme...

UNITÉ NATIONALE

L'entrée des supporters dans l'enceinte du stade est un énorme brouhaha qui fait le charme de ces événements. Puis arrive le moment des hymnes. Le silence est pesant durant les quelques secondes qui les précèdent, avant que, comme un seul homme, supporters et joueurs n'entonnent celui de leur pays. Même si certains sont décriés pour leurs paroles guerrières, ils procurent un formidable sentiment d'unité dépassant parfois les frontières politiques, comme c'est le cas pour les Irlandais, réunis du Nord au Sud quand ils reprennent en chœur l'« Irland's Call ». Grand moment d'émotion !

V comme...

VARIOLE

Un tournoi à rallonge, celui de 1962. La cause ? Une épidémie de variole au pays de Galles. L'Irlande, qui doit affronter le XV du Poireau en mars, demande le report du match. Mais voilà, comme l'épidémie persiste, la rencontre se jouera finalement en novembre de la même année, soit huit mois après ! Les deux équipes qui ont attendu si longtemps pour se faire face se quitteront sur un triste 3 partout et termineront aux deux dernières places du classement.

W comme...

WILKINSON

Voilà un joueur génial, au style inégalé. Personne n'a oublié son petit rituel quand il s'apprête à tirer entre les poteaux : fesses en arrière, bras repliés, mains jointes, furtifs regards de bas en haut, pincement de lèvres, piétinement sur place... Wilko aura autant marqué le XV de la Rose que ses clubs, les Newcastle Falcons et Toulon où il termine sa carrière avec un titre de champion d'Europe. Il est le plus grand marqueur de la Coupe du monde et le premier Anglais, en 2008, à passer la barre des 1 000 points en équipe nationale. Il détient de nombreux records dans le Tournoi : plus grand nombre de drops (11), de transformations (89), de points marqués sur un match (35 en 2001) et sur un Tournoi (89 en 2001). C'était un travailleur acharné, enchaînant, après les séances d'entraînement, une heure de tirs pour se perfectionner. Des efforts physiques constants qui lui valurent aussi de nombreuses blessures tout au long de sa carrière.

X comme...

10

10, c'est bien le nombre record d'essais marqués en un seul match dans le Tournoi. Cette performance fut réalisée par l'Angleterre contre l'Italie en 2001. L'addition fut bien entendu très salée, les Anglais remportant le match sur un score fleuve de 80 à 23, ce qui représente à ce jour la plus large victoire de la compétition.

Y comme...

YVES DU MANOIR

Légende aussi éphémère qu'éternelle du rugby français, Yves du Manoir fut capitaine du XV de France en 1927 à l'âge de 22 ans. Joueur du Racing, il fit ses débuts officiels, dans le Tournoi, en 1925 contre l'Irlande au poste de demi d'ouverture. À l'issue de la rencontre, il fut élu meilleur joueur français, enthousiasmant le public autant que la presse. Une belle première pour ce brillant étudiant à Polytechnique. Jusqu'à sa mort tragique à 23 ans dans un accident d'avion, il fut un joueur respecté, profondément humain et toujours loyal, développant un jeu spectaculaire. Ces qualités inspirèrent le Racing qui créa, en 1931, le trophée Yves du Manoir, attribué à l'équipe qui produit le plus de (beau) jeu et fait preuve de fair-play.

Z comme...

ZÉRO VICTOIRE

Au terme du Tournoi, l'équipe ayant perdu tous ses matchs a droit à son titre : la cuillère de bois ! Cette « récompense » trouve son origine à l'université de Cambridge où un tel objet était remis au dernier en maths. Fort de sa propre expérience d'étudiant dans cette illustre université, William Bolton, joueur du XV d'Angleterre, décida avec l'accord de ses coéquipiers de remettre pareille distinction à l'Irlande en 1884 pour, ironiquement, la consoler d'avoir perdu tous ses matchs. Mais le XV du Trèfle ayant contre toute attente apprécié le geste, la tradition se perpétue depuis – sans ustensile.

TOURNOI FEMININ

DANS LE MONDE DU RUGBY, QUAND ON PARLE DES SIX NATIONS, ON PENSE TOUT DE SUITE À LA COMPÉTITION MASCULINE.

Pourtant, cet illustre tournoi se décline également au féminin, chaque année depuis 1996.

Créée d'abord sous le nom de Home International Championship ou encore Tournoi britannique, la compétition opposait initialement 4 équipes anglo-saxonnes : l'Angleterre, l'Irlande, le pays de Galles et l'Écosse.

La France rejoint en 1999 ce qui devient alors le Tournoi des cinq nations. Un an plus tard, l'Irlande, après n'avoir gagné aucun match de 1996 à 2000, laisse sa place à l'Espagne, mais réintègre le Tournoi en 2002, qui passe de 5 à 6 nations.

Un nouveau changement intervient en 2007, avec le départ de l'Espagne au profit de l'Italie qui défend crânement ses chances, à l'image de la dernière édition où elle termine 3e… de quoi faire rêver l'équipe masculine !

Côté terrain, le Six Nations féminin offre des parties de très haut niveau, enthousiasmantes, souvent pleines d'émotion, et faisant la part belle aux passes et à la maîtrise technique. Les scores en témoignent, priorité est donnée au jeu.

Mais que l'on se rassure, Anglaises et Françaises continuent pendant le Tournoi de s'affronter avec la même agressivité que les XV masculins. La rivalité n'a pas de sexe. Et ces dernières années, ce sont bien les

PARTICIPANTES

ANGLETERRE

FRANCE

IRLANDE

ITALIE

ÉCOSSE

PAYS DE GALLES

Françaises, dans le Tournoi, qui ont pris l'ascendant, battant leurs rivales lors des trois dernières éditions. Frustrant quand on pense que ces deux formations auraient pu se rencontrer en finale de la Coupe du monde 2014 !

Mais soyons beaux joueurs. Côté palmarès, l'Angleterre affiche toujours sa suprématie avec 13 éditions remportées dont 12 grands chelems, respect ! La France a quant à elle été couronnée 4 fois, et toujours avec un grand chelem à la clé, dont le dernier en 2014 juste avant la Coupe du monde. L'Irlande a gagné 2 fois, dont un grand chelem. L'Écosse a triomphé 1 fois, sur un grand chelem. Pays de Galles et Italie sont encore en attente d'une première victoire.

Les tenantes du titre en 2015 sont les Irlandaises. C'était décidément l'année du Trèfle avec la victoire des hommes dans l'épreuve masculine !

SUPER RUGBY

CETTE COMPÉTITION EST TRÈS PRISÉE DU GRAND PUBLIC, CAR L'ÉTAT D'ESPRIT DES JOUEURS EST RÉSOLUMENT TOURNÉ VERS L'OFFENSIVE.

Elle est souvent considérée comme un laboratoire pour le jeu d'attaque, les équipes tentant de mettre au point différentes combinaisons de jeu. Le grand nombre d'essais est favorisé par le fait que la vitesse est largement privilégiée par rapport aux phases statiques de conquête.

Sur une idée néo-zélandaise, le South Pacific Championship naît en 1986. Ce championnat oppose 5 équipes issues de provinces néo-zélandaises et australiennes, ainsi que l'équipe nationale des Fidji. On le dénomme le Super 6. En 1993, qui marque le retour de l'Afrique du Sud au niveau international, il devient le Super 10. Le passage au professionnalisme voit sa transformation en Super 12 en 1996, à l'initiative de Rupert Murdoch, richissime propriétaire de médias dans l'hémisphère Sud. 12 équipes concourent sous forme de franchises professionnelles : 5 néo-zélandaises, 3 australiennes et 4 sud-africaines. 2 autres franchises se rajoutent en 2006 (Super 14), puis une 15e en 2011 pour former le Super 15. La compétition actuelle comprend 5 équipes de chaque pays.

Les franchises se confrontent d'abord par pays d'origine (dénommés conférences) sous forme de matchs aller-retour, puis elles rencontrent 4 franchises de chacune des 2 autres conférences, soit un total de 16 rencontres. Les premiers de chaque conférence, ainsi que les 3 équipes qui ont cumulé le plus de points, sont qualifiés pour les phases finales.

Le Super 15 démarre la dernière semaine de février et se termine en août, sauf les années de Coupe du monde, où les rencontres sont moins nombreuses. L'engouement est si fort que 2016 verra arriver d'autres franchises qui formeront le Super 18 : 1 franchise sud-africaine (les Southern Kings) qui a déjà participé à la compétition en 2013, basée à Port-Elizabeth, 1 franchise japonaise, basée à Tokyo, et 1 franchise argentine, basée à Buenos Aires.

Les principaux vainqueurs du Super 15 sont les Crusaders (NZ) qui ont remporté le trophée à 7 reprises. Suivent les Blues (NZ) et les Bulls (RSA) à 3 reprises.

AUSTRALIE
SUPERRUGBY
WESTERN FORCE
REDS
WARATAHS
BRUMBIES RUGBY
MELBOURNE REBELS
BLUES
CHIEFS
HURRICANES
CRUSADERS
HIGHLANDERS
BULLS
LIONS
CHEETAHS
THE SHARKS
STORMERS
NOUVELLE-ZÉLANDE
AFRIQUE DU SUD

BULLS

CETTE FRANCHISE SUD-AFRICAINE A ÉTÉ FONDÉE EN 1997.

Elle est basée à Pretoria. À l'origine de la franchise, il y a l'équipe du Northern-Transvaal, du nom d'une des provinces du nord du pays, redessinée depuis la fin de l'apartheid et répartie entre Gauteng et Limpopo. Créée en 1938, cette équipe a remporté la Currie Cup (championnat sud-africain des provinces) à 23 reprises. Le redécoupage des provinces en 1994 l'a obligée à abandonner son nom historique au profit de son surnom : les Blue Bulls, qui a permis de donner son nom définitif à la franchise : les Bulls.

FRANCHISE SUD-AFRICAINE FONDÉE EN 1997

COULEURS : BLEU CIEL ET BLEU MARINE

3 FOIS VAINQUEUR DU SUPER RUGBY

Ici, on est en plein pays afrikaner, à 1 500 mètres d'altitude. La vie y est rude. Cette franchise, qui fait appel aux vertus traditionnelles du rugby sud-africain, a fourni beaucoup de Springboks. Transmet-elle ses valeurs à l'équipe nationale, dont elle a constitué l'ossature pendant de longues années ? Ce qui est certain, c'est que fierté et défi physique sont le socle de ce rugby. C'est pourquoi les joueurs ont été surnommés les Bulls, les « taureaux », animal qui figure sur leur écusson. Ils ont toujours représenté l'Afrique du Sud rurale, courageuse et dure au mal, face aux citadins de la Western Province ou du Transvaal voisin.

La couleur des maillots est bleue (ciel et marine). Cette teinte vient de la couleur indigo d'un arbre qui fleurit à Pretoria au printemps austral, c'est-à-dire en octobre-novembre : le jacaranda. La ville, qui compte plus de 50 000 jacarandas, est d'ailleurs surnommée Jacaranda City.

Le stade de Pretoria qui abrite les rencontres des Bulls est le Loftus Versfeld, qui contient 50 000 spectateurs.

La province du Northern-Transvaal était une des plus redoutées par les équipes nationales en tournée. En 1976, les All Blacks perdirent ici 27 à 19. La province a fourni plus de 80 internationaux à l'équipe des Springboks. À Naas Botha, génial demi d'ouverture et capitaine sud-africain des années 1980, ont succédé d'autres Bulls de talent. Parmi eux, Bryan Habana, meilleur marqueur d'essais de l'équipe nationale avec 57 essais (et ce n'est probablement pas fini, il est toujours en activité). Ou encore la paire qui opérait en deuxième ligne : Victor Matfield et Bakkies Botha, considérée pendant longtemps comme la meilleure du monde. Tous les trois ont joué en France, au RC de Toulon.

CHEETAHS

CETTE FRANCHISE SUD-AFRICAINE A ÉTÉ CRÉÉE EN 2005.

Elle est basée à Bloemfontein, fief de la communauté blanche d'Afrique du Sud, situé à 1 400 mètres d'altitude. Elle représente les équipes de la province de l'État-Libre (Free State), autrefois une république nommée État Libre d'Orange. Mais pourquoi Orange ? Les Boers, qui fondèrent cet État, étaient en grande majorité arrivés des Pays-Bas. C'est donc en hommage à la famille régnante de ce pays, les Orange-Nassau, qu'ils baptisèrent cette terre. Cette lignée princière était originaire de la principauté d'Orange, située en France, dans le Vaucluse.

FRANCHISE SUD-AFRICAINE FONDÉE EN 2005

COULEURS : ORANGE ET BLANC

PALMARÈS : SANS

Le rugby est né dans cet État en 1895, avec la création du club de l'Orange Free State. Cette équipe a remporté la Currie Cup à 4 reprises. Les couleurs des maillots des joueurs sont celles de l'État, directement inspirées de l'ancien drapeau des Pays-Bas, au temps de Guillaume Ier d'Orange-Nassau : orange et blanc.

Un guépard (*cheetah*) orne l'écusson de la franchise. Quand l'équipe fut créée, il a fallu trouver un emblème marketing, et de préférence un nom d'animal. Coincés entre les Bulls (les taureaux) et les Sharks (les requins), les dirigeants choisirent le guépard qui figure sur les armoiries de la province, signe de vélocité, pour bien marquer leur différence avec les autres concurrents. Le guépard peut courir à plus de 100 km/h et possède une capacité de démarrage hors du commun. Par ailleurs, le nom de Bloemfontein en langue sesotho est Mangaung, qui signifie « patrie des guépards ».

Le stade qui accueille les rencontres des Cheetahs est le Free State Stadium, d'une capacité de 37 000 personnes.

Os du Randt est le seul joueur sud-africain double champion du monde, en 1995 et 2007. De son vrai nom Jacobus Petrus du Randt, il est surnommé Os, qui signifie « Bœuf » en afrikaans, à cause de son physique massif (1,90 m et 125 kg) et de son cou exceptionnellement musclé. Cadre indiscutable de la première ligne Springbok (80 sélections), il était connu pour incarner cette fameuse rugosité des packs sud-africains. Pendant toute sa carrière, il n'a cessé de s'occuper de sa ferme à côté de Bloemfontein, dans la plus pure tradition du pays. Son exercice favori pour la musculation était de transporter, à dos d'homme, sacs d'engrais et cageots de pommes de terre.

LIONS

CETTE FRANCHISE SUD-AFRICAINE A ÉTÉ CRÉÉE EN 1996.

Elle est basée à Johannesburg, la capitale économique de l'Afrique du Sud, située à plus de 1 600 mètres d'altitude. Elle représente une partie de la province du Gauteng (« pays de l'or » en sesotho), appelée auparavant Transvaal. C'est d'ailleurs sous ce nom qu'elle participe pour la première fois au Super Rugby, avant de prendre le nom de Gauteng Lions, puis de Golden Lions. Le site de Johannesburg est réputé pour ses mines d'or, découvertes en 1886, bases du développement de la ville. D'où le qualificatif *Golden* (« Or » en anglais). Après avoir été rebaptisée Golden Cats, puis Cats pendant un temps, elle devient définitivement les Lions en 2006.

Pourquoi les Lions ? Les trois premières franchises d'Afrique du Sud portent des noms d'animaux. C'est donc naturellement que l'équipe choisit le félin qui figure sur les armoiries de la province. Cette région abrite de célèbres réserves animalières, dont celle du Lion Park. L'écusson de l'équipe, qui arbore un maillot rouge et blanc, représente un lion, mais un lion du Transvaal, bien entendu.

Les performances médiocres de la franchise, qui stagne entre la 12e et la 15e place depuis 2006, lui font perdre les faveurs de la fédération. En 2013, elle décide de la remplacer par l'équipe des Southern Kings, basée à Port Elizabeth. Pour peu de temps, puisqu'elle regagne sa place pour la compétition 2015.

Le stade des Lions est l'Ellis Park, qui contient 60 000 spectateurs.

FRANCHISE SUD-AFRICAINE FONDÉE EN 1996

COULEURS : ROUGE ET BLANC

PALMARÈS : SANS

Johannesburg est célèbre pour ses deux stades internationaux. Tout d'abord l'Ellis Park, qui accueillit la finale de la Coupe du monde de rugby en 1995. Nelson Mandela, président de l'Afrique du Sud, revêtu du maillot n° 6 Springbok, y remit le trophée au capitaine de l'Afrique du Sud, François Pienaar. L'autre grand stade de la ville, le Soccer City, vit se dérouler, devant 94 000 spectateurs, la finale de la Coupe du monde de foot en 2010. L'Espagne y fut sacrée championne du monde.

SHARKS

LE 25 DÉCEMBRE 1497, L'EXPLORATEUR PORTUGAIS VASCO DE GAMA, EN QUÊTE DE LA ROUTE DES INDES, ACCOSTE LE LONG DE CETTE CÔTE ALORS INHOSPITALIÈRE.

C'est pourquoi il baptise cette région Natal (« Noël » en portugais). À la fin du XIXe siècle, l'Empire zoulou, au nord de la région, est annexé au Natal. Celui-ci devient une province sud-africaine, rebaptisée KwaZulu-Natal en 1994. La capitale économique est Durban, située sur le littoral de l'océan Indien. C'est une ville libérale, anglophone, très ouverte sur l'extérieur, où Blancs et Noirs ont toujours vécu ensemble, même sous l'apartheid.

FRANCHISE SUD-AFRICAINE FONDÉE EN 1996

COULEURS : NOIR ET BLANC

PALMARÈS : SANS

La franchise représentant cette province naît en 1996, lointaine descendante de la Natal Rugby Union, créée en 1890. Elle s'appuie sur les clubs de la région, mais son principal réservoir de joueurs reste l'équipe des Natal Sharks, qui a participé à 16 finales de la Currie Cup et remporté le trophée à 7 reprises.

Le choix du nom de Sharks (« Requins » en français) est-il dû à la proximité immédiate de l'océan Indien, dans lequel nagent ces redoutables squales ? Il est certain que cet environnement y a concouru, mais l'idée vient de Terry Kukle, directeur de l'entreprise de communication Tag International Media, qui cherchait une dénomination marketing qui se retiendrait facilement. C'est vrai que « Sharks » est nettement plus agressif et inquiétant que le surnom précédent de l'équipe : les Banana Boys !

Les couleurs du maillot, noir et blanc, reprennent celles de l'animal. L'écusson de la franchise représente un requin qui court avec un ballon ovale sous le bras, et la mascotte de l'équipe se nomme Sharkie.

Le stade qui accueille les rencontres des Sharks est le Kings Park Stadium, qui contient 55 000 places.

Trois Français, et non des moindres, sont venus renforcer l'équipe des Sharks et ont remporté la Currie Cup. Le premier fut Thierry Lacroix, qui gagna le trophée à 2 reprises, en 1995 et 1996, juste après la Coupe du monde qui couronna l'Afrique du Sud et où il fut sacré meilleur buteur de la compétition. En 1996, ce fut le tour du deuxième ligne international, Olivier Roumat. Et enfin, en 2008, Frédéric Michalak. Il revint en 2012, mais échoua en finale, même s'il fut le meilleur réalisateur du championnat des provinces avec 192 points.

STORMERS

CETTE FRANCHISE SUD-AFRICAINE A ÉTÉ CRÉÉE EN 1996.

Elle est basée dans la ville du Cap, ainsi baptisée à cause de la proximité du cap de Bonne-Espérance, découvert par les explorateurs portugais Bartolomeu Dias et Vasco de Gama à la recherche d'une route maritime vers l'Asie. Elle est la vitrine des clubs de l'ouest de l'Afrique du Sud. L'équipe de la Western Province constitue le principal approvisionneur de la franchise. Fondée en 1883, c'est une des équipes les plus prestigieuses du pays. Elle a remporté la Currie Cup à 34 reprises.

FRANCHISE SUD-AFRICAINE FONDÉE EN 1996

COULEURS : BLEU MARINE ET BLANC

PALMARÈS : SANS

Les couleurs du maillot ont évolué depuis la création de la franchise. Durant les trois premières années, les joueurs arboraient des tenues très colorées : bleu, blanc, jaune, rouge et vert. C'étaient les couleurs des différentes équipes qu'ils représentaient. Aujourd'hui, par mesure de simplification, elles sont identiques à celles de la Western Province : bleu marine et blanc, en référence aux deux océans voisins.

Le logo de l'équipe est en forme de ballon ovale, avec le nom de la franchise traversé par un éclair. Le mot *storm* signifie « orage » en anglais. Au-delà du fait que ce nom puisse être impressionnant pour l'adversaire, son origine vient des conditions climatiques spécifiques de la région du Cap, où sévissent des orages particulièrement violents. Cette ville est d'ailleurs surnommée Windy City, la « ville du vent », par ses habitants. Pas étonnant si le premier nom du cap de Bonne-Espérance, à la liaison des deux océans, était le cap des Tempêtes (Cape of Storms en anglais) !

Le stade qui accueille les rencontres des Stormers est le Newlands du Cap. Il contient plus de 50 000 places.

Un joueur de la Western Province a marqué l'histoire des Springboks : Chester Williams. C'était le seul joueur non blanc de la sélection pour la Coupe du monde 1995. Il devait occuper le poste d'ailier, mais une blessure à l'épaule l'écarta des terrains avant le premier match. Il dut laisser sa place à Pieter Hendriks. Celui-ci fut suspendu pour brutalités pendant un match de poule. Williams, rétabli, put jouer le quart de finale, où il marqua 4 essais face aux Samoa. En 27 sélections, il passa la ligne à 14 reprises. Et il comptabilisa 39 essais pour la Western Province.

BRUMBIES

CETTE FRANCHISE AUSTRALIENNE A ÉTÉ CRÉÉE EN 1996, SOUS LE NOM D'ACT BRUMBIES.

Elle est basée à Canberra, la capitale du pays. Elle représente les clubs du Territoire de la capitale australienne (ACT) et du sud de l'État de Nouvelle-Galles-du-Sud. Cette équipe a remporté le Super Rugby à 2 reprises, en 2001 et en 2004, et a été 4 fois finaliste, dont la dernière fois en 2013. En réalité, on joue au rugby depuis longtemps dans la capitale, puisque l'Union Rugby ACT a été créée en 1938.

FRANCHISE AUSTRALIENNE FONDÉE EN 1996

COULEURS : JAUNE ET NOIR

VAINQUEUR DU SUPER RUGBY EN 2001 ET 2004

Mais qu'est-ce qu'un « brumby » ? C'est une sorte de cheval sauvage, généralement noir, qui vit dans les montagnes proches du Parc national de Namadji. L'équipe a naturellement pris son nom. Et on le retrouve, se cabrant devant un paysage montagneux, sur l'écusson de la franchise.

Le jaune et noir des maillots de l'équipe évoquent l'histoire de ce territoire. L'or rappelle la couleur du blé. Au milieu du XIXe siècle, un fermier qui vient de s'installer dans la région, William Farrer, fabrique une variété de blé qui résiste à la rouille. Cette découverte fait la fortune de l'industrie meunière australienne. Le noir, lui, fait référence aux Aborigènes. La ville de Canberra fut créée de toutes pièces à partir de 1913 pour en faire la capitale du pays. En langue aborigène, Canberra signifie « lieu de rassemblement ». Les armoiries de la ville comportent ainsi deux cygnes : un noir pour les Aborigènes et un blanc pour les Européens.

Le stade qui accueille ces Brumbies est le Canberra Stadium et contient plus de 25 000 places.

Quand cette franchise est créée en 1996, la base de l'équipe est constituée de joueurs rejetés par les deux autres franchises australiennes de l'époque, les Queensland Reds et les Waratahs de Nouvelle-Galles-du-Sud. Il y a là le demi de mêlée George Gregan et l'ouvreur Stephen Larkham qui composeront la charnière de l'équipe d'Australie, ou encore l'ailier Joe Roff. Les trois joueurs, qui totalisent à eux seuls 327 sélections nationales, deviennent champions du monde en 1999, permettant ainsi à l'Australie d'être la première nation à être sacrée à 2 reprises. Pour la petite histoire, Joe Roff vint par la suite jouer en France, au Biarritz Olympique, avec qui il remporta le titre de champion de France.

REBELS

CETTE FRANCHISE AUSTRALIENNE, CRÉÉE EN 2006, EST BASÉE À MELBOURNE ET REPRÉSENTE L'ÉTAT DE VICTORIA.

Le rugby n'était pas très populaire dans la région, le public étant plus attiré par le football australien ou le jeu à XIII. Pourtant, même s'il n'y avait pas de grand club historique, à part le Melbourne Rugby Union, fondé en 1888, la fédération a souhaité y implanter une franchise. Les Rebels ayant évidemment des problèmes de recrutement, les dirigeants wallabies ont décidé que cinq joueurs seraient prêtés par les autres franchises pour assurer l'ossature de l'équipe, avant d'intégrer le Super 15 en 2011.

FRANCHISE AUSTRALIENNE FONDÉE EN 2006

COULEURS : BLEU MARINE, BLANC ET ROUGE

PALMARÈS : SANS

Les maillots sont bleu et blanc, avec des touches de rouge. Le bleu est la couleur traditionnelle de l'État de Victoria, bordé à la fois par l'océan Indien et l'océan Pacifique. C'est aussi une région traversée par de nombreux cours d'eau coulant depuis la chaîne des Alpes victoriennes.

Le nom de l'équipe, Rebels, est un hommage au premier joueur de l'État de Victoria sélectionné en équipe nationale : Edward « Weary » Dunlop. Ce chirurgien de Melbourne, lieutenant-colonel de l'armée britannique, fut un héros de la Seconde Guerre mondiale. Prisonnier des Japonais, il se retrouva dans la jungle avec ses hommes pour construire la ligne de chemin de fer entre la Birmanie et la Thaïlande. Les conditions étaient vraiment inhumaines dans ces camps de travail. Dunlop devint une légende parmi ses hommes grâce à son dévouement sans faille et sa capacité de résistance face aux officiers nippons. Si son surnom Weary (« fatigué ») vient d'un jeu de mots en anglais sur les pneus Dunlop, c'est bien sa bravoure qui a motivé le choix du nom de la franchise.

Le stade qui accueille les Rebels, l'AAMI Park, contient plus de 30 000 places.

À la fois sur l'écusson et sous l'encolure du maillot des joueurs apparaissent cinq étoiles. Que signifient-elles ? Elles représentent les valeurs morales défendues par la franchise. Les initiales de chacune de ces qualités forment en anglais le mot REBEL : *Respect, Excellence, Balance* (« Équilibre »), *Ethos* (« Morale ») et *Leadership*.

REDS

CETTE FRANCHISE AUSTRALIENNE, CRÉÉE EN 1996, REPRÉSENTE L'ÉTAT DU QUEENSLAND.

Elle est basée à Brisbane. Le club d'origine apparaît en 1866 : le Brisbane Football Club. On y pratique essentiellement le football australien, mais dès 1876 ces sportifs s'essaient au rugby. Le Queensland Rugby joue en maillot marron, couleur du club de Brisbane, avant d'adopter le bleu de l'université d'Oxford. Le premier match officiel inter-États a lieu en 1882, l'équipe du Queensland affrontant celle qui va devenir son éternelle rivale en Australie : la Nouvelle-Galles-du-Sud.

C'est en 1895 que l'équipe choisit sa teinte fétiche : le grenat. À l'époque, la reine Victoria est sur le trône d'Angleterre. Ce serait elle qui aurait proposé que le Queensland adopte sa couleur officielle. Les maillots des Reds sont toujours grenat et bleu marine, même si aujourd'hui ils tirent plus sur le rouge foncé.

L'écusson de la franchise représente un koala, animal officiel du Queensland depuis 1971. Le koala est, avec le kangourou, l'un des symboles de l'Australie actuelle.

Souvent aux premières places jusqu'en 2002, l'équipe a plus de difficultés par la suite, figurant au-delà de la 10e place. En 2010, c'est le réveil et elle remporte le Super Rugby en 2011, dominant les Crusaders en finale 18 à 13.

Le stade qui accueille les Reds, le Suncorp Stadium, contient plus de 52 000 places.

FRANCHISE AUSTRALIENNE FONDÉE EN 1996

COULEURS : GRENAT ET BLEU MARINE

VAINQUEUR DU SUPER RUGBY EN 2011

Parmi les joueurs qui ont fait la renommée rugbystique du Queensland, il en est un exceptionnel : John Eales, un des rares Australiens à avoir remporté 2 Coupes du monde, en 1991 et 1999, avec Tim Horan et Jason Little. Il est titulaire en seconde ligne chez les Wallabies à 86 reprises, dont 55 fois en tant que capitaine. Il dispute avec les Reds 112 rencontres du Super Rugby. Il marque 402 points (6 essais, 66 transformations et 80 pénalités), se révélant un excellent buteur, chose très rare pour un avant. Ses coéquipiers le surnommaient Nobody (« Personne »). Mais pourquoi donc ? Parce que *Nobody is perfect* (« Personne *est* parfait »), répondaient-ils avec humour !

WARATAHS

CETTE FRANCHISE AUSTRALIENNE, FONDÉE EN 1996, REPRÉSENTE LA NOUVELLE-GALLES-DU-SUD. ELLE EST BASÉE À SYDNEY.

Le rugby naît dans cet État en 1874, avec la création de la Southern Rugby Union. Le bleu est associé à une longue tradition sportive en Nouvelle-Galles-du-Sud. Face au grenat des Reds, les Waratahs arborent fièrement depuis plus d'un siècle des maillots bleu ciel, inspirés par la couleur des maillots de Cambridge, et des shorts bleu marine. Grenat contre Bleu, cette guerre des couleurs symbolise la concurrence historique des Reds et des Waratahs, la rivalité entre les États restant toujours très forte depuis leur premier match disputé en 1882.

FRANCHISE AUSTRALIENNE FONDÉE EN 1996

COULEURS : BLEU CIEL ET BLEU MARINE

VAINQUEUR DU SUPER RUGBY EN 2014

Sur l'écusson de la franchise, un ballon ovale niche au cœur d'une fleur qui a donné son nom à l'équipe. C'est la fleur des waratahs, symbole de la Nouvelle-Galles-du-Sud. Les waratahs sont de grands arbustes à petites fleurs rouges originaires de la région, que l'on retrouve comme plantes ornementales dans les jardins. Leur nom vient d'un peuple aborigène, les Eora, qui étaient les premiers habitants de Sydney et des alentours.

En 1770, l'explorateur anglais James Cook découvre l'Australie. Il va aborder dans ce bout de terre qui deviendra la ville de Sydney. Il nomme ce territoire Nouvelle-Galles-du-Sud. En 1788, le véritable peuplement démarre avec l'installation d'une colonie pénitentiaire. Onze bateaux, sous le commandement du capitaine Arthur Phillip, débarquent 700 prisonniers, ainsi que les gardiens qui vont les surveiller. Aujourd'hui, cet État compte plus de 7 millions de personnes, dont plus de 16 000 licenciés de rugby.

Deux stades accueillent les rencontres des Waratahs : le Sydney Football Stadium (45 000 places) et, pour les matchs de gala, l'ANZ Stadium de Sydney (84 000 places).

Mark Gordon Ella, considéré comme un des meilleurs demis d'ouverture australiens, a été le premier capitaine d'origine aborigène de l'équipe nationale. En 1984, il dirige ses coéquipiers vers un grand chelem victorieux contre toutes les équipes britanniques. C'est la seule fois de leur histoire que les Wallabies réussissent à prendre le dessus sur l'Angleterre, l'Écosse, le pays de Galles et l'Irlande lors d'une tournée. Malheureusement, ce joueur exceptionnel ne compte que 25 sélections. À la fin de cette tournée, il décide de mettre fin à sa carrière, à l'âge de 25 ans, pour terminer ses études. On apprendra plus tard que c'est un conflit avec l'entraîneur qui a précipité sa décision.

WESTERN FORCE

CETTE FRANCHISE AUSTRALIENNE A ÉTÉ FONDÉE EN 2005.

Basée à Perth, elle recrute dans les clubs de toute l'Australie-Occidentale. Le nom de l'équipe est directement issu de sa localisation géographique, à l'extrême ouest de l'Australie.

Les maillots sont bleu indigo et or. Bleu indigo comme la couleur des eaux profondes des côtes australiennes. Et or comme la couleur des plages de sable fin sous le soleil ardent qui règne dans ces contrées arides.

L'emblème de l'État est le cygne noir, qui figure sur l'écusson stylisé de la franchise. Originaire d'Australie et de Tasmanie, il a été aperçu ici par tous les explorateurs. En 1827, le capitaine James Stirling, futur gouverneur de la colonie, vit même un vol d'au moins 500 cygnes noirs au-dessus de la rivière Swan (« cygne » en anglais).

La franchise souffre de la faiblesse du championnat des clubs de cette région peu peuplée. Les joueurs non internationaux n'ont personne à qui se confronter pour progresser. La fédération a donc mis en place une équipe bis, nommée la Western Force Gold, qui prépare les joueurs de la franchise en organisant des tournées à l'étranger (Afrique du Sud, Samoa, Japon…). Cette préparation est efficace, la Western Force ayant progressé des dernières places du classement à une belle 5e place du Super Rugby en 2012.

Le stade qui accueille les rencontres est le Members Equity Stadium, d'une capacité de 20 500 places seulement.

FRANCHISE AUSTRALIENNE FONDÉE EN 2005

COULEURS : BLEU INDIGO ET OR

PALMARÈS : SANS

Matt Giteau est un joueur à l'allure extrêmement élégante, qui peut aussi bien jouer demi d'ouverture que centre. Il a même dépanné, en match international, au poste de demi de mêlée. C'est un rugbyman très complet. Il gagne le Super Rugby avec les Brumbies en 2004. Il rejoint la Western Force de 2007 à 2009, avant de retourner aux Brumbies pour une sombre histoire de contrat. Il a disputé 2 Coupes du monde, totalisant 92 titularisations en équipe nationale. Arrivé en Europe en 2011, au RC Toulon, il devient champion de France, puis champion d'Europe à 3 reprises.

BLUES

CETTE FRANCHISE NÉO-ZÉLANDAISE A ÉTÉ CRÉÉE EN 1996.

Elle est basée à Auckland et représente les fédérations de North Harbour et de Northland, c'est-à-dire toute la partie nord de l'île du Nord. Au départ, le nom de la franchise est Auckland Blues, mais en 2000, les équipes franchisées néo-zélandaises abandonnent toute référence régionale. Elle devient : les Blues.

Le club d'Auckland, le Auckland Rugby Football Union, principal pourvoyeur de la franchise, a été fondé en 1883. Il est le plus titré de Nouvelle-Zélande. Il a remporté 15 titres de champion NPC (National Provincial Championship) depuis la création de celui-ci en 1976.

FRANCHISE NÉO-ZÉLANDAISE FONDÉE EN 1996

COULEURS : BLEU

3 FOIS VAINQUEUR DU SUPER RUGBY

Les maillots des joueurs, ornés de motifs maoris, sont de couleur bleue. Tout ici est tourné vers la mer. La cité d'Auckland est située sur un isthme qui relie les deux parties de l'île du Nord et la ville possède deux ports. Elle est surnommée City of Sails (« la ville des voiles ») pour son port de plaisance qui abrite plus de 135 000 bateaux, et elle a accueilli 2 Coupes de l'America. Les noms des clubs composant la franchise sont marqués à l'intérieur du col.

L'écusson représente un ballon de rugby, à l'intérieur duquel figure une montagne. Il s'agit de la vue de l'île volcanique de Rangitoto, dans le golfe de Hauraki. C'est le volcan le plus récent, situé à moins de vingt minutes de ferry.

Les Blues ont remporté le Super Rugby en 1996 et 1997, année fantastique où ils demeurent invaincus durant la compétition. Leur dernier succès date de 2003, alors qu'ils possèdent les lignes arrière les meilleures du monde avec Doug Howlett, Caucaunibuca et Joe Rokocoko. La moyenne d'essais est stupéfiante : 5 essais par rencontre !

Le stade qui accueille les rencontres des Blues est le mythique Eden Park. Il contient près de 60 000 spectateurs.

En 2010, en vue de la Coupe du monde de rugby qui doit avoir lieu en Nouvelle-Zélande l'année suivante, les organisateurs veulent agrandir et rénover en totalité l'Eden Park, lieu de la première finale mondiale, en 1987, entre les Français et les All Blacks. Avant de démarrer les travaux, ils décident de mettre en vente les poteaux. Franck Mesnel, le célèbre international français et créateur de la marque de vêtements Eden Park, réussit à remporter les enchères au nez et à la barbe de certains All Blacks, comme une belle revanche à cette finale perdue. Chacun des poteaux mesure 18 mètres de haut et pèse 400 kg. Personne n'a su comment il avait rapatrié cet achat pour le moins encombrant.

CHIEFS

CETTE FRANCHISE NÉO-ZÉLANDAISE EST BASÉE À HAMILTON, DANS LA PROVINCE DE WAIKATO.

Elle représente le nord de l'île du Nord, très marquée historiquement par les combats entre Britanniques et Maoris.

L'origine de la dénomination Chiefs, traditionnellement connus sous le nom de Waikato Chiefs, est purement d'ordre marketing. Les joueurs évoluent avec des maillots noir, rouge et jaune aux très nombreuses références maories. Les couleurs sont la combinaison de celles du collège d'Hamilton (jaune et noir) et des Hamilton Old Boys (noir et rouge), les deux clubs les plus anciens de la fédération de Waikato.

FRANCHISE NÉO-ZÉLANDAISE FONDÉE EN 1996

COULEURS : NOIR, ROUGE ET JAUNE

VAINQUEUR DU SUPER RUGBY EN 2012 ET 2013

Sur l'écusson, un homme aux muscles saillants tient un kotiate, une petite arme en bois ou en os de baleine utilisée par les chefs maoris. Elle leur permettait de découper leurs ennemis en deux ! Pour nos guerriers rugbymen, cela signifie seulement qu'ils rentrent sur le terrain, prêts à en découdre.

De nombreux dessins viennent compléter le maillot. Ceux qui encerclent l'écusson représentent des griffes stylisées, appelées « Rau o te patu ». Ce seraient celles de Taniwha, un puissant monstre aquatique protecteur des Maoris et symbolisant le combat et la conquête. Un visage tatoué est reproduit au niveau de l'estomac. C'est de cet endroit du corps que provient leur force, pensent les Maoris. Ce visage est aussi celui de Whanau, qui incarne la famille et donc le rassemblement de l'équipe. Les motifs en jaune sur les côtés représentent toutes les voies navigables menant au fleuve Waikato. C'est le symbole de la réunion des meilleurs joueurs des différentes provinces dans la franchise des Chiefs. Rares sont les maillots qui évoquent à ce point l'histoire d'une région à travers ses légendes. À n'en pas douter, quand les équipiers revêtent le maillot des Chiefs, leur envie de remporter la victoire est décuplée.

Les supporters du club régional de Waikato sont connus pour utiliser des cloches de vaches lors des matchs. Cette tradition s'est étendue aux rencontres des Chiefs à domicile. Logiquement, la mascotte de la franchise est une vache appelée Mooloo. Les habitants de la province sont surnommés les Mooloomen et ils en sont très fiers.

Les 26 000 spectateurs présents dans le Waikato Stadium peuvent s'étonner de la présence d'un homme installé en hauteur, dans une nacelle, à la vue de tous. On le surnomme Possum (du nom d'un petit mammifère, véritable fléau dans le pays) ; il est armé d'une tronçonneuse (!) qu'il démarre subitement pour déstabiliser l'adversaire.

CRUSADERS

CETTE FRANCHISE NÉO-ZÉLANDAISE A ÉTÉ CRÉÉE EN 1996.

Elle est basée à Christchurch et représente les fédérations provinciales de Canterbury, de West Coast et du nord de l'île du Sud. Les joueurs ont été appelés Canterbury Crusaders jusqu'en 2000.

L'équipe qui fournit l'ossature de la franchise est la Canterbury Rugby Football Union, fondée en 1879. Elle a remporté le NPC (championnat des provinces) à 11 reprises.

FRANCHISE NÉO-ZÉLANDAISE FONDÉE EN 1996

COULEURS : ROUGE ET NOIR

7 FOIS VAINQUEUR DU SUPER RUGBY

C'est en 1848 qu'une colonie de l'Église d'Angleterre est établie dans la région, qui prend le nom de Canterbury en hommage à la plus vieille cathédrale chrétienne anglaise et à son archevêque, qui est le chef religieux de l'Église anglicane. Quant au nom de la ville, il a été suggéré lors de sa création par un habitant ayant étudié au Christ Church College, à Oxford, en Angleterre.

Cultivant cet héritage, les dirigeants adoptent naturellement le nom Crusaders (« Croisés ») pour leur franchise. Avant chaque match à domicile, des hommes déguisés en croisés défilent sur des destriers, brandissant des épées, au son de « Conquest of Paradise » de Vangelis. Grand spectacle ! Dès lors, les joueurs, qui portent des maillots rouge et noir, couleurs traditionnelles de l'équipe anglaise de Canterbury, se sentent prêts pour la bataille à venir sur le terrain.

L'écusson représente un chevalier casqué avec une épée à la main, dans une attitude combative. Le graphisme vient de la compagnie Clark et Associates, qui a réalisé tous les logos des franchises néo-zélandaises.

La Nouvelle-Zélande est située sur la ceinture de feu du Pacifique. On dénombre environ 15 000 secousses telluriques chaque année dans le pays. Un des tremblements de terre les plus terribles est celui qui a dévasté Christchurch le 22 février 2011, faisant plus de 180 morts et occasionnant des dégâts majeurs dans la ville. Il fait suite à une très forte secousse en septembre 2010 et il est suivi par une nouvelle en juin 2011. Ces séismes d'une magnitude comprise entre 6 et 7 sur l'échelle de Richter détruisent une grande partie du patrimoine architectural et fragilisent tous les édifices, dont le AMI Stadium des Crusaders, dans lequel devaient se dérouler 7 matchs de la Coupe du monde 2011.

HIGHLANDERS

CETTE FRANCHISE NÉO-ZÉLANDAISE A ÉTÉ CRÉÉE EN 1996.

Elle est basée à Dunedin, dans le sud de l'île du Sud, et représente les fédérations d'Otago, North Otago et Southlands. Elle est appelée Otago Highlanders jusqu'en 2000.

La fédération de la province d'Otago a été fondée en 1881 : l'Otago Rugby Football Union. Elle a remporté 2 fois le NPC.

La franchise a été baptisée Highlanders en hommage aux colons écossais qui se sont installés ici et ont construit la ville de Dunedin, « l'Édimbourg du Sud ». *Dun* est un mot celtique pour désigner une forteresse. « Dun Eideann », c'est le nom gaélique de la ville d'Édimbourg.

Les couleurs des maillots reprennent celles des fédérations associées à la franchise : bleu pour Otago, jaune pour North Otago et bordeaux pour Southlands. Le bleu permet aussi de rappeler les origines écossaises de l'équipe.

L'écusson représente un guerrier, fier et fort dans son habit traditionnel, avec dans une main un bouclier et dans l'autre une claymore, cette large et grande épée utilisée par les combattants écossais. L'épée et le bouclier ont également pour sens férocité de l'attaque et ténacité de la défense. Doctrine que bien des entraîneurs essaient de relayer auprès de leurs joueurs !

L'équipe joue la plupart du temps au Forsyth Barr Stadium, qui peut accueillir 31 000 spectateurs.

FRANCHISE NÉO-ZÉLANDAISE FONDÉE EN 1996

COULEURS : BLEU, OR ET BORDEAUX

PALMARÈS : SANS

Byron Kelleher est originaire de Dunedin. Ce puissant demi de mêlée n'hésitait pas à provoquer les adversaires, et se révéla le prototype du numéro 9 moderne, une sorte de 9e avant très rapide. Élu meilleur joueur du Super Rugby en 1999, il est sélectionné 57 fois avec les All Blacks, vainqueur du Tri-Nations à 4 reprises.
En 2007, il rejoint le Stade Toulousain, dont il fait les beaux jours, remportant 2 titres de champion de France et 1 titre de champion d'Europe. Il est élu meilleur joueur de Top 14 en 2008.

HURRICANES

L'ÉQUIPE DES HURRICANES EST UNE FRANCHISE NÉO-ZÉLANDAISE, CRÉÉE EN 1996 ET BASÉE À WELLINGTON, DANS L'ÎLE DU NORD.

Elle représente 9 fédérations provinciales du sud de l'île du Nord.

Hurricanes (les « Ouragans »), quel nom redoutable pour une franchise de rugby ! On imagine un pack d'avants déchaînés qui aspirent tout sur leur passage, des ailiers se déplaçant à la vitesse d'une tornade, des arrières bousculant sans peine la défense adverse...

Mais, plus objectivement, ce sont les conditions climatiques de la région qui ont inspiré les propriétaires. Wellington, ville côtière en bordure du Pacifique, est célèbre pour ses vents très, très forts. L'écusson retrace fidèlement cette violence de l'ouragan.

La franchise présente un palmarès assez décevant malgré une devise bien ambitieuse, « *Expect the unexpected* » (« Prévoir l'imprévisible »), l'équipe étant reconnue pour jouer avec flair et être capable de marquer à tout moment. Elle peut aussi se targuer d'avoir eu des joueurs mythiques comme Jonah Lomu ou Tana Umaga. Elle arrive régulièrement aux phases finales, mais ne parvient pas à gravir la dernière marche. Toujours placée, jamais gagnante !

Les Hurricanes jouent en jaune et noir, couleurs historiques de la région. Ils évoluent au Westpac Stadium, une impressionnante enceinte de 36 000 places, située en bord de mer et étonnamment surnommée le Cake-tin (le « moule à gâteau »), en raison de sa forme.

FRANCHISE NÉO-ZÉLANDAISE
FONDÉE EN 1996

COULEURS : JAUNE ET NOIR

PALMARÈS : SANS

Le génial All Black Jonah Lomu, qualifié de meilleur joueur du monde, a malheureusement dû renoncer au rugby professionnel en 2004, en Nouvelle-Zélande. Il était alors aux Hurricanes et les médecins lui ont découvert une maladie rénale, potentiellement mortelle s'il continuait à jouer. Une maladie dont le joueur avait connaissance depuis ses débuts en rugby à VII, mais qu'il avait préféré cacher pour poursuivre sa formidable carrière en rugby à XV. Une fois rétabli, son amour pour ce sport le pousse à rechausser les crampons et à s'engager en France, sur une terre de football, à Marseille en Fédérale 1 ! Il raccroche au bout d'une petite année, ce qui devenait plus prudent.

RUGBY CHAMPIONSHIP

CE TOURNOI SPÉCIFIQUE DE L'HÉMISPHÈRE SUD, CRÉÉ EN 1996, S'EST LONGTEMPS APPELÉ TRI-NATIONS.

Depuis longtemps, les trois nations de l'hémisphère Sud (Afrique du Sud, Australie et Nouvelle-Zélande) souhaitaient avoir une confrontation régulière, à l'instar du Tournoi des cinq nations en Europe. L'arrivée du professionnalisme et l'abandon de l'apartheid en Afrique du Sud, qui en fait dès lors une nation fréquentable, leur en donnent enfin l'occasion. Elles fondent un consortium regroupant les trois fédérations nationales en 1995, la SANZAR (South Africa New Zealand Australia Rugby), qui va organiser les compétitions du Tri-Nations et du Super Rugby. L'Argentine souhaitant intégrer un championnat majeur, et suite à ses très bons résultats en Coupe du monde (3e en 2007 et quart-de-finaliste en 2011), la SANZAR l'invite à participer à la compétition en 2012. Il est alors tentant de l'appeler Four-Nations, mais ce nom est déjà pris par le XIII. C'est ainsi que la dénomination Rugby Championship s'impose.

Les quatre sélections nationales se rencontrent en matchs aller-retour. Au terme de ce championnat, un classement est établi et l'équipe qui a le plus de points remporte la compétition. Les rencontres entre Australiens et Néo-Zélandais, durant le tournoi, ont un enjeu supplémentaire : la Bledisloe Cup. Ce trophée porte le nom de lord Bledisloe, gouverneur général de la Nouvelle-Zélande, qui a mis en jeu cette coupe en 1932.

Le palmarès du Rugby Championship fait apparaître une nette domination des All Blacks, qui ont été couronnés à 13 reprises, dont 6 fois en gagnant tous leurs matchs. L'Afrique du Sud et l'Australie sont à égalité, avec 3 victoires. Les Springboks ont remporté toutes les rencontres une seule fois, en 1998.

Le Néo-Zélandais Dan Carter est le meilleur marqueur de pénalités (115), mais aussi de transformations (72) et de drops (4). Le meilleur marqueur d'essais (18) est le Sud-Africain Bryan Habana.

En 1999, le Stadium Australia de Sydney accueille 107 042 spectateurs pour la rencontre avec la Nouvelle-Zélande. Les Aussies écrasent les All Blacks 28 à 7. L'année suivante, nouveau match au sommet entre les mêmes équipes, toujours au Stadium Australia qui affiche une affluence record : 109 874 spectateurs. Les All Blacks prennent leur revanche 39 à 35, au terme d'une rencontre splendide.

CETTE COMPÉTITION RÉUNIT 20 PARTICIPANTS.

Elle a couronné 2 fois trois nations de l'hémisphère Sud (Afrique du Sud, Australie et Nouvelle-Zélande) et 1 seule fois une nation de l'hémisphère Nord (Angleterre). La 8e Coupe du monde de rugby à XV a lieu en Angleterre en 2015. La bataille va faire rage et ravage pour désigner le vainqueur… La plupart des équipes adoptent un maillot spécifique pour la Coupe du monde.

PALMARÈS

1987

Pays organisateurs : Nouvelle-Zélande et Australie

1. Nouvelle-Zélande
2. France
3. Pays de Galles

1991

Pays organisateurs : Royaume-Uni, Irlande et France

1. Australie
2. Angleterre
3. Nouvelle-Zélande

1995

Pays organisateur : Afrique du Sud

1. Afrique du Sud
2. Nouvelle-Zélande
3. France

1999

Pays organisateur : Pays de Galles

1. Australie
2. France
3. Afrique du Sud

2003

Pays organisateur : Australie

1. Angleterre
2. Australie
3. Nouvelle-Zélande

2007

Pays organisateur : France

1. Afrique du Sud
2. Angleterre
3. Argentine

2011

Pays organisateur : Nouvelle-Zélande

1. Nouvelle-Zélande
2. France
3. Australie

The International Rugby Football Board
The Webb Ellis Cup

LA COUPE DU MONDE 2015

ROUMANIE
RUGBY ROMÂNIA
GÉORGIE
JAPON
IE
MIBIE
AFRIQUE DU SUD
SPRINGBOK
AUSTRALIE
Wallabies
FIJI RUGBY
FIDJI
SAMOA RUGBY UNION
SAMOA
TONGA
TONGA
ALL BLACKS
NOUVELLE-ZÉLANDE

AFRIQUE DU SUD

LA SÉLECTION SUD-AFRICAINE N'A PAS PARTICIPÉ AUX DEUX PREMIÈRES COUPES DU MONDE.

Le pays fut en effet interdit de toute compétition officielle jusqu'à l'abolition de l'apartheid en 1991. L'édition de 1995 est donc forte de symboles. D'abord car elle se déroule pour la première fois en Afrique. Ensuite car c'est Nelson Mandela, héros du pays et de la lutte anti-apartheid, tout juste élu président d'Afrique du Sud, qui remet la coupe. L'émotion dans les tribunes est palpable. Par ce petit geste anodin et pourtant si fort, devant les caméras du monde entier, l'Afrique du Sud écrit ce jour-là une nouvelle page de son histoire, devenant la nation arc-en-ciel, en rupture avec les années de domination des minorités blanches. Les Springboks, en maillot et bas vert et or avec un short blanc, aux couleurs du nouveau drapeau du pays, reçoivent leur trophée avec fierté devant un peuple uni. Le vert symbolise la terre africaine, le jaune la richesse aurifère du pays, le blanc bien entendu la paix.

Le logo historique est une gazelle d'Afrique méridionale appelée springbok – d'où le surnom de l'équipe attribué par la presse anglaise lors d'une tournée au début du xxe siècle. Une *Protea* royale, emblème floral du pays et caractéristique des équipes noires de rugby, figure sur l'écusson depuis 1994, marquant ainsi l'unité nationale retrouvée. Le slogan inventé par Morné du Plessis, capitaine des Boks dans les années 1970, prend ici tout son sens : « Une équipe, un pays » !

Entre 1889 et 1992, le South African Rugby Board gère le rugby pour les Blancs et des fédérations séparées sont créées pour le rugby des joueurs noirs, métis et indiens. À la fin de l'apartheid, toutes les fédérations du pays sont réunies dans la South African Rugby Football Union (SARFU) le 23 mars 1992. L'Afrique du Sud compte près de 500 000 licenciés.

POULE B

SURNOMS : LES SPRINGBOKS OU LES BOKS

HYMNE : NKOSI SIKELEL' IAFRIKA (GOD BLESS AFRICA)

RANG MONDIAL IRB : 2^{e}

EN COUPE DU MONDE : PARTICIPATIONS : 6/8 – MEILLEUR RÉSULTAT : 1er EN 1995 ET 2007

EN COUPE DU MONDE

Cette finale de 1995 marqua l'histoire du sport et celle de toute une nation. Le score devient presque anecdotique. Pourtant le match opposant les All Blacks aux Springboks a tenu ses promesses avec des prolongations à l'issue du temps réglementaire (9 à 9) se concluant sur une victoire inattendue des Sud-Africains (15 à 12). Mais le véritable événement se joua dans les tribunes : la présence de Mandela, portant une casquette et le maillot de l'équipe nationale, galvanisa les Boks et tétanisa les All Blacks. Madiba voulait réconcilier toutes les communautés de son pays autour d'un sport trop longtemps perçu en Afrique du Sud comme réservé aux Blancs. Jonah Lomu, star des Néo-Zélandais, déclara que ce jour-là les Sud-Africains jouèrent à seize tant le soutien de l'icône fut important. Ce 24 juin 1995 était bien plus qu'un simple match de rugby…

ANGLETERRE

NOS VOISINS ANGLAIS SONT-ILS PLUS ROMANTIQUES QUE LES AUTRES POUR AVOIR COMME EMBLÈME UNE BELLE ROSE ROUGE ?

C'est en effet cette fleur qui orne l'écusson du maillot de l'équipe nationale. Mais elle n'a rien à voir avec une quelconque réputation de « british lover ». Son origine, moins glamour, tient simplement à la « guerre des Deux-Roses ». En 1450, deux nobles familles anglaises, les York et les Lancaster, entrent en conflit. Pour se distinguer, la première revêt sur sa cotte d'armes une rose blanche, l'autre une rose rouge. Après des années de guerre, Henri Tudor, du camp Lancaster, ressort vainqueur d'une importante bataille et devient roi d'Angleterre en 1485, sous le nom d'Henri VII. Il se marie avec la fille d'Édouard IV, ancien roi d'Angleterre issu de la famille d'York, et réunit ainsi les symboles rivaux au sein d'une nouvelle rose, rouge et blanche, dite « la rose Tudor ». Elle deviendra l'emblème floral du pays.

ENGLAND RUGBY

POULE A

SURNOM : LE XV DE LA ROSE

HYMNE : GOD SAVE THE QUEEN

RANG MONDIAL IRB : 4^{e}

EN COUPE DU MONDE :
PARTICIPATIONS : 8/8
MEILLEUR RÉSULTAT : 1er EN 2003

Mais si l'on connaît l'histoire de cette rose comme symbole de l'Angleterre, nul ne sait avec certitude pour quelle raison elle devient également, au lieu des traditionnels lions du royaume, l'emblème de l'équipe nationale de rugby dès 1871, date de la création de la fédération anglaise, la Rugby Football Union (RFU). Celle-ci gère aujourd'hui le plus grand nombre au monde de joueurs avec plus de 720 000 licenciés.

Quant aux couleurs, la tenue traditionnelle anglaise est principalement blanche avec quelques touches de rouge, références directes au drapeau d'Angleterre, composé de la croix de saint Georges, rouge sur fond blanc. Mais une polémique à la veille de la Coupe du monde de 2011 en Nouvelle-Zélande a frôlé l'incident diplomatique et dépassé les limites du sport lorsque les Anglais ont choisi de porter un maillot de rechange noir… couleur iconique des All Blacks, le pays hôte.

EN COUPE DU MONDE

La finale de la Coupe du monde en Australie contre le pays hôte, en 2003, restera incontestablement l'un des moments les plus marquants de l'histoire de ce XV de la Rose. Sortant premier de sa poule après avoir écrasé tous ses concurrents, dont l'Afrique du Sud battue 25 à 6 ou une faible équipe uruguayenne 111 à 13 (!), il balaie le pays de Galles en quart, puis la France en demi-finale. La finale connaît un scénario proche des grandes productions hollywoodiennes, avec de la tension, du suspens et un génial épilogue grâce à Jonny Wilkinson : son drop magique fera de l'Angleterre la première nation de l'hémisphère Nord, et la seule à ce jour, à remporter le graal qui fait rêver tout joueur de rugby, la coupe Webb Ellis !

ARGENTINE

L'ARGENTINE EST UNE TERRE ANCIENNE DE RUGBY, LE PREMIER MATCH AYANT EU LIEU EN 1873.

La fédération a été créée en 1899 par la fusion de quatre clubs de la capitale, Buenos Aires. Elle s'appelait la River Plate Rugby Football, avant de prendre le nom d'Union Argentina Rugby. L'Argentine est actuellement la meilleure équipe du continent américain.

Les maillots reprennent les couleurs de Buenos Aires : « *blanco y celeste* », bleu pour le ciel et argent pour l'estuaire qui baigne la ville, le Rio de la Plata (« fleuve de l'argent » en espagnol), lequel argent devient blanc sur les maillots pour des questions de visibilité. Ce sont aussi les couleurs des cocardes des indépendantistes durant la révolution de mai 1810, à l'origine du drapeau national.

POULE C

SURNOM : LES PUMAS

HYMNE : OÍD, MORTALES, EL GRITO SAGRADO (ÉCOUTEZ, MORTELS, LE CHANT SACRÉ)

RANG MONDIAL IRB : 8e

EN COUPE DU MONDE :
PARTICIPATIONS : 8/8
MEILLEUR RÉSULTAT : 3e EN 2007

En 1965, lors de la première tournée de l'équipe en Afrique du Sud, un journaliste veut absolument donner un surnom aux joueurs pour son article. Il les appelle les Pumas, alors que le félin brodé sur leur tenue est un jaguar ! Cette confusion ne gêne par les joueurs argentins qui acceptent volontiers ce surnom, parce qu'il « sonne » bien. L'écusson des Pumas est donc toujours orné d'un jaguar.

La mêlée est le mouvement le plus collectif du rugby. Et les Argentins sont passés maîtres dans cet exercice. Dans les années 1970, l'entraîneur du club de San Isidro, Francisco Ocampo, invente une nouvelle technique très originale de poussée basse : la bajadita (de l'espagnol *baja*, « bas »). Avec une flexion synchronisée et une position inversée des pieds des piliers, les joueurs mettent une pression maximale sur le numéro 2 adverse, quand il lève le pied pour talonner. En 1974, le XV de France, en tournée en Argentine, en fit la cruelle expérience. Le pack français subit à chaque mêlée, lui qui était considéré comme un des meilleurs de la planète rugby.

EN COUPE DU MONDE

En 2007, l'Argentine bat la France en match d'ouverture 17 à 12, à Saint-Denis. Les Français ont semblé tétanisés par l'enjeu de ce premier match sur leur sol. Grosse désillusion ! Les deux équipes font ensuite un parcours sans faute jusqu'aux demi-finales, où l'Afrique du Sud élimine les Pumas et l'Angleterre vient péniblement à bout des Bleus. Elles se retrouvent donc pour la petite finale. Tout le monde est persuadé que la France va prendre sa revanche du premier tour et terminer 3e de la Coupe du monde. Pas si simple ! Les Argentins marquent 5 essais contre des Tricolores visiblement démobilisés et impuissants. Score final en faveur des Pumas : 34 à 10.

AUSTRALIE

LES JOUEURS DU XV AUSTRALIEN, QUI DÉPEND DE L'AUSTRALIAN RUGBY UNION, SONT SURNOMMÉS LES WALLABIES.

Le wallaby est un petit animal cousin du kangourou, très répandu dans le pays. Ce surnom date de la première tournée des Australiens au Royaume-Uni, en 1908. Les journalistes anglais viennent de baptiser les Néo-Zélandais en tournée dans l'hémisphère Nord les All Blacks, en référence à leur tenue. Ils veulent faire de même avec l'équipe australienne et lancent les Rabbits (« lapins »), du fait de leur importante présence en Australie. Mais ce choix ne plaît pas du tout aux joueurs. Le mammifère, si mignon soit-il, est non seulement réputé pour être nuisible, en plus il a tout de même été importé dans le pays par les Anglais ! Humour *so british* des journalistes ou pas, c'en est trop. La fédération australienne reprend alors les choses en main et, à défaut de pouvoir retenir le kangourou, animal caractéristique du pays déjà utilisé pour symboliser le rugby à XIII, c'est le wallaby qui est choisi.

Ce marsupial joue au ballon sur le logo traditionnel de l'équipe. On retrouve sur l'écusson, qui reprend les armoiries d'Australie, le classique kangourou face à un oiseau rare, l'émeu d'Australie. Tous deux encadrent un écu reproduisant les armes des six États du pays masqué par un ballon de rugby portant l'inscription « Wallaby ». Enfin, donnant un petit côté star, 5 étoiles apparaissent sur le maillot. 4 d'entre elles ont 7 branches, une pour chaque État et la 7e pour les territoires ; la dernière étoile, placée au centre de cette constellation, a plus modestement 5 branches.

L'Australie évolua en bleu et marron jusqu'en 1928. Elle joue depuis en vert et jaune, couleurs du mimosa doré, l'emblème floral du pays. Son premier match date de 1829 mais la fédération australienne n'a été créée qu'en 1949. Elle comprend plus de 300 000 licenciés !

POULE A

SURNOM : LES WALLABIES

HYMNE : ADVANCE AUSTRALIA FAIR

RANG MONDIAL IRB : 6e

EN COUPE DU MONDE : PARTICIPATIONS : 8/8 – MEILLEUR RÉSULTAT : 1er EN 1991 ET 1999

EN COUPE DU MONDE

Les consécrations de 1991 et 1999, faisant des Aussies la première sélection à remporter 2 titres mondiaux, sont remarquables. Mais c'est la demi-finale de 1991 face aux All Blacks qui symbolise la puissance de leur collectif et le talent individuel. Ce jour-là, les Wallabies l'emporte 16 à 6. David Campese marque un essai dès la 7e minute : il récupère le ballon sur un regroupement dans les 22 mètres adverses et entame une fabuleuse remontée, effaçant pas moins de cinq défenseurs avant d'aplatir le ballon dans l'en-but. Le génie du joueur parle une nouvelle fois à la 35e minute. Captant en l'air une passe au pied, Campese, pourchassé par deux Blacks, effectue son célèbre « pas de l'oie », qui permet sur un mouvement de décélération puis d'accélération d'éliminer l'adversaire, et réalise, avant de se faire plaquer, une passe aveugle par-dessus son épaule, qui mène au 2e essai australien.

CANADA

QUI A DÉJÀ ENTENDU PARLER DES CANUCKS ?

Ce mot, tiré de l'argot anglophone, désigne les Canadiens, un peu comme « Yankees » les Américains. C'est aussi le surnom donné aux membres de l'équipe canadienne de rugby.

Les maillots des joueurs sont rouges (les fameuses « tuniques rouges »), les shorts et les bas bleu nuit, quasiment noirs. Le rouge rappelle la croix de saint Georges (le côté anglais) et le bleu est la couleur dominante du Québec, rappelant les lointaines racines françaises de ses habitants.

RUGBY CANADA

POULE D

SURNOM : LES CANUCKS

HYMNE : Ô CANADA

RANG MONDIAL IRB : 17e

EN COUPE DU MONDE : PARTICIPATIONS : 8/8 – MEILLEUR RÉSULTAT : 1/4 DE FINALE

Depuis 1964, la feuille d'érable est l'emblème du pays. Cet arbre, typique des forêts canadiennes, procure la sève qui donne le fameux sirop que l'on trouve sur toutes les tables. Cet emblème célèbre également la nature et la protection de l'environnement.

La force du bûcheron canadien n'est pas une légende. En atteste un vrai bûcheron, puisque au départ c'était le métier de Jamie Cudmore, seconde ou troisième ligne de Clermont depuis 2005. Sportif accompli, il a fait partie de l'équipe nationale junior de descente en ski alpin. Il a trouvé sa voie dans le rugby : 33 sélections canadiennes, participation à 3 Coupes du monde, finaliste en Coupe d'Europe, et aussi 3 fois finaliste du championnat de France, avant de brandir le bouclier de Brennus en 2010.

Autre Canuck au palmarès prestigieux, comme aimeraient en posséder beaucoup de joueurs de l'Hexagone : Mike James, solide seconde ligne du Stade Français de 2000 à 2007. 2 fois finaliste de la Coupe d'Europe, champion de France à 3 reprises, 56 sélections nationales et participation à 4 Coupes du monde. En plus, ce beau gosse fit la couverture du tout premier calendrier des « Dieux du Stade », en 2001.

EN COUPE DU MONDE

En 1991, dans la poule D, le Canada prend le dessus sur les Fidji à Grenoble par 13 à 3, puis bat la Roumanie 19 à 11 à Toulouse, avant d'affronter la France à Agen. Les Canucks donnent du fil à retordre aux Bleus, qui se sortent difficilement de ce guêpier. À un quart d'heure de la fin de la rencontre, les Français ne mènent que 13 à 10 face à des Canadiens très accrocheurs. Lacroix libère tout le monde grâce à 2 pénalités réussies. Score final : 19 à 13. L'équipe canadienne sera éliminée en quart de finale à Lille par les Blacks 29 à 13, et les Français par l'Angleterre à Paris sur le score de 19 à 10.

ÉCOSSE

ARBORANT UN MAILLOT BLEU MARINE, UN SHORT BLANC ET DES CHAUSSETTES BLEU MARINE, LE XV ÉCOSSAIS A FIÈRE ALLURE DANS CETTE TENUE AUX COULEURS DU DRAPEAU NATIONAL.

La légende dit qu'au IXe siècle saint André apparut au roi d'Écosse pour redonner force à son armée et qu'une croix blanche, représentant le martyre du saint, se dessina dans le ciel bleu et guida le peuple écossais vers la victoire contre les Angles.

C'est encore une légende qui vient expliquer l'origine du symbole de l'Écosse, le chardon, reproduit sur l'écusson avec un ballon de rugby. Une nuit, en 1010, les Vikings tentèrent d'envahir le pays. Pour ne faire aucun bruit, ils enlevèrent leurs sandales… mais marchèrent sur des chardons, ce qui leur fit pousser d'énormes cris de douleur au point de réveiller les veilleurs écossais qui alertèrent les soldats. Les Vikings reçurent une sacrée correction avant de repartir dans leurs bateaux pour fuir ces grands guerriers !

Le XV écossais est aussi célèbre pour son hymne national, le superbe « Flower of Scotland ». Composé seulement en 1974 et généralisé en 1993, ce chant patriotique évoque la beauté des paysages écossais et la résistance face à l'invasion anglaise au cours de la première guerre d'indépendance de l'Écosse. Il est joué pour la première fois lors d'une rencontre officielle, en 1990, à la place de l'hymne britannique, « God Save the Queen »… face aux Anglais ! Ce jour-là, les Écossais galvanisés battent le XV de la Rose, remportant le Tournoi des cinq nations et le grand chelem en prime.

La Scottish Rugby Union (SRU) est la fédération chargée d'organiser et de gérer le rugby à XV en Écosse. Créée en 1873, elle compte aujourd'hui près de 25 000 licenciés.

SCOTLAND®

POULE B

SURNOM : LE XV DU CHARDON

HYMNE : FLOWER OF SCOTLAND

RANG MONDIAL IRB : 10e

EN COUPE DU MONDE :
PARTICIPATIONS : 8/8
MEILLEUR RÉSULTAT : 4e EN 1991

EN COUPE DU MONDE

Le parcours de l'Écosse en Coupe du monde est marqué par l'édition de 1991 où elle réalisa sa meilleure prestation. Terminant à la 4e place, après une très honorable petite finale perdue 13 à 6 contre les All Blacks, le XV du Chardon faillit tout de même créer l'exploit en demi-finale. Face aux rivaux anglais, la rencontre s'annonçait particulièrement tendue. Et de la tension il y en eut, avec un match fermé par des Anglais qui l'emportèrent sur un score de 9 à 6 mais qui essuyèrent nombre de critiques pour leur arrogance et un jeu multipliant les actions au pied pour sans cesse chercher la touche, hachant ainsi la partie. Ne renonçant pas jusqu'au coup de sifflet final, l'Écosse sortit la tête haute malgré la défaite.

ÉTATS-UNIS

UN AIGLE PRESQUE MENAÇANT, LE REGARD FIER, TENANT UN BALLON DE RUGBY, VOILÀ À QUOI RESSEMBLE L'ÉCUSSON DE L'ÉQUIPE AMÉRICAINE DE RUGBY QUI REPREND LES COULEURS DU DRAPEAU NATIONAL.

Plus réputés pour leurs joueurs de football américain, les États-Unis ont toutefois été sacrés 2 fois champions olympiques de rugby, en 1920 puis en 1924 (discipline qui n'est plus olympique depuis).

L'aigle, ou plutôt un pygargue à tête blanche, est l'emblème des États-Unis depuis le XVIIIe siècle.

POULE B

SURNOM : LES EAGLES

HYMNE : THE STAR-SPANGLED BANNER

RANG MONDIAL IRB : 16e

EN COUPE DU MONDE :
PARTICIPATIONS : 7/8
MEILLEUR RÉSULTAT : 3e DE POULE

Pour la petite histoire, il faut rappeler que l'oiseau, qui symbolise la force et la puissance, a failli ne jamais représenter les États-Unis au profit d'un dindon, animal jugé moins fainéant ! Personne ne doute que les internationaux préfèrent le surnom d'Eagles à celui de XV du Dindon…

Les tenues sont aussi aux couleurs des États-Unis. Le blanc fait référence à la pureté et à l'innocence, le rouge à la bravoure et au courage, le bleu à la persévérance, à la justice et à la vigilance. Avec tout cela, les Eagles réussiront-ils enfin à franchir les phases de poule lors de l'édition 2015 de la Coupe du monde, en créant l'exploit face aux Sud-Africains ou à l'Écosse ?

La fédération américaine de rugby, qui comprend environ 65 000 licenciés, fut fondée en 1975 sous le nom de United States of America Rugby Football Union. Elle ne rejoint la Fédération internationale de rugby, organisatrice de la Coupe du monde, qu'en 1987, ce qui vaut à l'équipe yankee d'être invitée à participer à la compétition. À n'en pas douter, le XV sera supporté lors de la prochaine Coupe du monde par deux anciens présidents qui ont eux-mêmes joué dans des équipes universitaires, Bill Clinton et George W. Bush.

EN COUPE DU MONDE

Que les titres olympiques sont loin pour le XV masculin des Eagles qui n'a jamais dépassé les phases de poule d'une Coupe du monde et se prévaut d'un maigre bilan avec seulement 3 matchs remportés depuis 1987 ! Des statistiques et un palmarès bien différents de ceux du XV féminin qui redonne force et vigueur à l'aigle américain : championne du monde lors de la première édition en 1991, l'équipe est finaliste en 1994 après avoir enchaîné des victoires sans appel, marquant près de 100 points par match, et une nouvelle fois en 1998.

FIDJI

UN PALMIER CERCLÉ D'UN BALLON OVALE RESSEMBLANT À UNE NOIX DE COCO, VOILÀ DONC LE DRÔLE D'ÉCUSSON D'UN XV DONT LES JOUEURS SONT SURNOMMÉS LES FIDJIENS VOLANTS.

Un sobriquet directement inspiré du rugby à VII fidjien, particulièrement réputé sur la scène internationale pour son adresse et sa vitesse sur le terrain. Ces symboles sont une référence ou un hommage à une double réalité sportive. Nombreux sont les joueurs qui ont découvert le rugby en jouant sur la plage loin de tout terrain et parfois même avec une noix de coco en guise de ballon. En outre, le bois de palmier sert souvent à la construction des poteaux. Le cocotier est également présent dans le blason des Fidji. Cet arbre a donc une forte charge symbolique pour le rugby autant que pour le pays, surnommé « les îles aux palmiers ».

FIJI RUGBY

POULE A

SURNOM : LES FLYING FIJIANS (FIDJIENS VOLANTS)

HYMNE : GOD BLESS FIJI (DIEU PROTÈGE LES FIDJI)

RANG MONDIAL IRB : 12e

EN COUPE DU MONDE : PARTICIPATIONS : 7/8 – MEILLEUR RÉSULTAT : 1/4 DE FINALE

Tout aussi sobre que l'écusson, le maillot des internationaux est blanc, teinte que l'on retrouve sur le blason du pays, le short noir et les bas rayés noir et blanc.

C'est en 1913 que la fédération fidjienne, qui comprend aujourd'hui près de 45 000 licenciés, fut créée, non par les Anglais, dont l'histoire avec les Fidji est pourtant très étroite, mais par les voisins néo-zélandais, quand des ouvriers, venus travailler dans les îles, décidèrent d'y développer ce sport. Contrairement à beaucoup d'équipes de l'hémisphère Sud, le style de jeu des Flying Fijians est marqué par « l'évitement » plutôt que par le combat, l'objectif premier étant de s'amuser avant tout ! On retrouve une nouvelle fois l'esprit du VII.

EN COUPE DU MONDE

Le XV fidjien, qui avant chaque match, à l'instar des Néo-Zélandais, effectue depuis 1939 une danse traditionnelle intitulée « Cibi ni I valu », a marqué les esprits lors de la Coupe du monde 2007 en battant, contre toute attente, le pays de Galles 38 à 34, se propulsant ainsi en quart de finale pour la deuxième fois de son histoire. Une sacrée performance quand on sait que les meilleurs joueurs fidjiens, au gabarit toujours impressionnant, sont naturalisés par la Nouvelle-Zélande pour compléter l'effectif des All Blacks. Loin d'être ridicule, il n'atteindra toutefois pas les demi-finales, s'inclinant 20 à 37 devant les futurs vainqueurs du tournoi : les Springboks.

FRANCE

CE SONT DES MARCHANDS ANGLAIS QUI INTRODUISENT LE RUGBY EN FRANCE.

En 1872, le premier club est créé : le Havre Athletic Club Rugby. D'autres vont suivre en région parisienne, le long de la Côte atlantique et dans les Alpes, très fréquentées par la haute société britannique à la fin du XIXe siècle. Le premier match officiel de la France l'oppose le 1er janvier 1906, au Parc des Princes, à la Nouvelle-Zélande, qui l'emporte 38 à 6. En 1910, la France est accueillie dans le Tournoi des cinq nations. Elle obtient sa première victoire internationale contre l'Écosse le 2 janvier 1911. Son parcours en Coupe du monde est exemplaire : 3 fois finaliste et classée 6 fois sur 7 dans le carré final. Il ne reste que la victoire à conquérir !

Les joueurs français ont un maillot bleu, un short bleu et des bas rouges. En seconde tenue, il leur arrive de revêtir un maillot blanc, mais aussi rouge, comme dans le dernier Tournoi des six nations contre l'Écosse en bleu. Alors attention à celui qui a l'habitude de crier « Allez les Bleus ! ». Historiquement, la première tenue du XV de France est tricolore (maillot bleu, culotte blanche et bas rouges). Depuis les années 2000, le maillot reste bleu, mais le short et les bas alternent les trois couleurs du drapeau national.

Après la première victoire sur l'Écosse, en 1911, le capitaine français Marcel Communeau fait broder un coq, représenté de face, ailes déployées, comme emblème sur le maillot. C'est un symbole traditionnel qui date des Romains, car en latin *gallus* désignait aussi bien l'animal que l'habitant de la Gaule. Le coq véhicule également des vertus fortes : la fierté, l'agressivité et le combat. Par la suite, cet emblème sera adopté par le Comité national olympique et la plupart des sportifs français. Il va aussi évoluer vers une représentation plus stylisée.

POULE D

SURNOMS : LES BLEUS, LES TRICOLORES

HYMNE : LA MARSEILLAISE

RANG MONDIAL IRB : 7e

EN COUPE DU MONDE :
PARTICIPATIONS : 8/8
MEILLEUR RÉSULTAT : 2e EN 1987, 1999 ET 2011

EN COUPE DU MONDE

Il est un exploit immense : la confrontation avec la Nouvelle-Zélande, le 31 octobre 1999, dans le mythique stade de Twinckenham. Les All Blacks sont les grandissimes favoris. Mais l'équipe de France est en place. Au bout de vingt minutes, elle mène 10 à 6 grâce à un essai de Lamaison. Mais il y a Lomu, toujours impressionnant, qui arrive lancé et culbute quatre défenseurs avant de franchir la ligne. Et le métronome Mehrtens qui enquille les points. Nouvel exploit de Lomu, juste après la mi-temps, impossible de le stopper. 24 à 10 pour les Blacks, l'affaire semble pliée. Et tout à coup, 2 drops et 2 pénalités de Lamaison annoncent le réveil français. Entre la 47e et la 75e minute, les Français vont corriger leurs adversaires en leur infligeant 33 points, du jamais vu face à une telle équipe, avec 3 essais à la clé. Score final : 43 à 31. Les Blacks sont éliminés, et les Français en finale !

GEORGIE

LA FÉDÉRATION, LA GEORGIAN RUGBY UNION, EST CRÉÉE EN 1964.

Le véritable premier match officiel, contre le Zimbabwe, a lieu en 1989. Mais la Géorgie ne va devenir indépendante qu'en 1991, après l'éclatement de l'Union soviétique. Aujourd'hui, il y a environ 5 500 licenciés pratiquant le rugby dans ce pays qui compte 4,5 millions d'habitants.

Le rouge du maillot est la couleur traditionnelle de la Géorgie, héritée en particulier de l'Ibérie, ancien État géorgien du ve siècle, et de son roi Vakhtang Ier. Étendard des croisés et symbole du christianisme, le drapeau aux cinq croix figure sur une manche.

POULE C

SURNOM : LES LELOS

HYMNE : TAVISUPLEBA (LIBERTÉ)

RANG MONDIAL IRB : 14^{e}

EN COUPE DU MONDE :
PARTICIPATIONS : 4/8
MEILLEUR RÉSULTAT : 3e DE POULE

Les Géorgiens sont surnommés les Lelos. Leur emblème est une rosace bordeaux et noir. Ces couleurs rappellent l'ancien drapeau du pays, modifié en 2004. Les faisceaux se réfèrent à un jeu ancestral de Géorgie : le Lelo Burti, qui est une sorte de soule, ancêtre du rugby. C'est un jeu de costauds : il s'agit de porter une boule de cuir, remplie de près de 20 kg de sable, jusqu'à une rivière. Deux équipes s'affrontent, sans limite de nombre (on a compté jusqu'à plus de 1 000 joueurs), d'âge ou de temps. Pour gagner, il n'existe qu'une seule technique, les passes étant impossibles à cause du poids du ballon : former un gigantesque maul et essayer de franchir la ligne.

La Géorgie a un palmarès fourni dans le Championnat européen des nations, en quelque sorte le Tournoi B des pays européens. Ses joueurs dominent cette compétition où ils sont champions sans discontinuer depuis 2006. Son adversaire honni, c'est la Russie, qui a annexé une partie de son territoire après un conflit en 2008. Le match du Tournoi 2014 contre l'équipe russe réunit 55 000 personnes dans le stade de Tbilissi. Le résultat est cinglant : la Géorgie écrase son adversaire 36 à 10. Cette victoire a ramené le sourire sur tous les visages géorgiens.

EN COUPE DU MONDE

En 2007, dans la poule D, celle où se trouve la France, la Géorgie va offrir une résistance inattendue face à une équipe irlandaise très ambitieuse, au stade Chaban-Delmas de Bordeaux. Les hommes du Trèfle souffrent devant une équipe bien organisée, très volontaire et très puissante. Ils ne l'emportent que de 4 petits points : 14 à 10, 2 essais à 1. Dans la foulée, à Lens, les Lelos battent à plate couture la Namibie 30 à 0, en marquant 3 essais. Ils terminent 4e de leur poule.

IRLANDE

LE « SHAMROCK », C'EST QUOI ?

C'est ce trèfle à trois feuilles qu'on trouve partout comme emblème en Irlande. Saint Patrick, le saint patron du pays, se serait servi d'un shamrock pour expliquer la Trinité à ses ouailles. Et tout le monde étant très croyant, le trèfle commença son règne.

La fédération de rugby irlandaise a été créée en 1874. À la fin du XIXe siècle, des mouvements indépendantistes voient le jour pour lutter contre l'occupant anglais. Ils arborent avec fierté des calicots verts. À leur suite, l'équipe de rugby adopte cette couleur. Les maillots des joueurs sont verts, le short blanc et les bas verts.

C'est une vraie particularité, l'Irlande rassemble deux entités politiques différentes sous sa bannière rugbystique : la république d'Irlande, État indépendant, et l'Irlande du Nord, nation britannique. Cela s'est révélé un peu compliqué pour les drapeaux et les hymnes, mais jamais pour les joueurs. Quand on jouait à Dublin, c'était l'hymne national irlandais qui retentissait, le « Soldiers Song », autrement nommé « Amhran na bhFiann », sous le drapeau tricolore. Quand on jouait à Belfast, c'était le « God save the Queen » sous le drapeau des quatre provinces irlandaises. À l'extérieur, on ne chantait pas d'hymne. Trouvant la situation insupportable, la fédération irlandaise a décidé de créer un hymne commun en 1995 : l'« Ireland's Call ». Il est joué lors de tous les matchs et à Dublin seulement est accompagné de l'hymne national.

Une des caractéristiques des joueurs irlandais, c'est ce fameux *fighting spirit* qui les anime. Un état d'esprit collectif et guerrier qui renverse tout sur son passage. On a l'impression qu'ils sont 30 sur le terrain. Rien ne peut les arrêter. La fougue et le courage deviennent plus forts que toutes les combinaisons de leurs adversaires.

POULE D

SURNOM : LE XV DU TRÈFLE

HYMNE : IRELAND'S CALL

RANG MONDIAL IRB : 3e

EN COUPE DU MONDE : PARTICIPATIONS : 8/8 – MEILLEUR RÉSULTAT : 1/4 DE FINALE

EN COUPE DU MONDE

Tout semble tracé dans cette 7e Coupe du monde. L'Australie va remporter toutes ses rencontres de poule et les bookmakers attendent son face-à-face avec la Nouvelle-Zélande en finale. Scénario cousu de fil blanc, mais c'est compter sans les diables verts et la météo ce 20 septembre 2011. Un violent orage s'est abattu sur Auckland une heure avant la rencontre. Les Australiens n'arrivent pas à mettre en place leur jeu d'attaque fait de passes précises. La balle est glissante, le terrain aussi, et les Irlandais adorent ça ! Ils vont neutraliser les Wallabies dans la gadoue des mêlées, des rucks et des mauls. Au final, 15 à 6, 1 drop et 4 pénalités de Sexton et O'Gara contre 2 petites pénalités aux Aussies. L'Irlande finit en tête de sa poule. Première grande surprise de ce mondial !

ITALIE

ANGLAIS ET FRANÇAIS SE DISPUTENT LA PATERNITÉ DE L'INTRODUCTION DU RUGBY SUR LE SOL ITALIEN.

On trouve la trace d'un match joué par une équipe transalpine en 1911. Ce qui est certain, c'est la date de la création de la Federazione Italiana Rugby (FIR) : 1928. Un championnat de rugby est organisé en 1929. Petit à petit, ce nouveau sport, dans un pays tourné vers le football, se structure et obtient des résultats, si bien que les Italiens sont invités à la première Coupe du monde, avant d'intégrer en 2000 le Tournoi des six nations, puis la Celtic League en 2010.

POULE D

SURNOMS : LA SQUADRA AZZURRA, LES AZZURRI

HYMNE : FRATELLI D'ITALIA (FRÈRES D'ITALIE)

RANG MONDIAL IRB : 15e

EN COUPE DU MONDE :
PARTICIPATIONS : 8/8
MEILLEUR RÉSULTAT : 3e DE POULE

Les joueurs sont tout de bleu vêtus. Le maillot est bleu azur, avec trois bandes marines sur les épaules. Le logo FIR est brodé sur la boutonnière et l'on retrouve les couleurs nationales sur le col. Mais pourquoi l'Italie joue-t-elle en bleu, alors que son drapeau tricolore ne comporte pas cette teinte ? En janvier 1911, l'équipe de football italienne rencontre son homologue de Hongrie. Habituellement, elle joue en blanc. En hommage à la famille royale, issue de la Maison de Savoie, elle va jouer en bleu ce jour-là. Ce qui devait être exceptionnel devient une tradition pour toutes les équipes sportives de la Péninsule. C'est ainsi que les rugbymen portent le surnom d'Azzurri, en référence à leur couleur de tunique.

L'écusson représente le drapeau du pays, avec la mention FIR, et il est entouré de feuilles de laurier. La couronne de laurier est le symbole de la grandeur romaine, les empereurs en portaient et ils en octroyaient à leurs généraux en cas de victoire.

Après la guerre, la présence des troupes alliées a grandement aidé l'Italie à améliorer son rugby. Une région domine le rugby italien : la Vénétie, avec les clubs de Rovigo, Padoue et surtout Trévise, qui a obtenu d'intégrer la Celtic League en 2010.

EN COUPE DU MONDE

Le 22 mai 1987, c'est le premier match de la première Coupe du monde, dans lequel l'Italie affronte la Nouvelle-Zélande, à l'Eden Park d'Auckland. Dans cette poule C, la Nouvelle-Zélande score face à tous ses adversaires. Mais les trois autres nations se neutralisent, avec une victoire chacune. Les Fidji battent l'Argentine, qui elle-même domine l'Italie, laquelle arrive à vaincre les joueurs du Pacifique. Les Italiens ont marqué 3 essais, les Fidjiens un seul. Imbroglio, discussions interminables. Qui ira en quart affronter le XV de France ? On applique une règle particulière : le goal-average entre les trois pays, isolant les résultats face aux All Blacks. Ce sont les îles Fidji qui iront en quart. Jamais l'Italie n'est passée aussi près.

JAPON

AU PAYS OÙ LE JUDO ET LE SUMO SONT ROIS, LE RUGBY N'EST PAS EN RESTE.

En effet, avec tout de même près de 130 000 licenciés, ce sport connaît un véritable engouement populaire. La fédération japonaise de rugby à XV, la Japan Rugby Football Union, a été créée le 30 novembre 1926, mais le premier match de rugby disputé au Japon daterait de 1874, à l'initiative de marins britanniques qui organisèrent un match à Yokohama.

POULE B

SURNOMS : LES CHERRY BLOSSOMS (FLEURS DE CERISIER) OU BRAVE BLOSSOMS (FLEURS COURAGEUSES)

HYMNE : KIMI GA YO (LE RÈGNE QUI EST LE TIEN)

RANG MONDIAL IRB : 11e

EN COUPE DU MONDE :
PARTICIPATIONS : 8/8
MEILLEUR RÉSULTAT : 3e DE POULE

Les rencontres internationales réunissent de plus en plus de spectateurs dans les stades. Les joueurs sont vêtus d'un maillot rouge et blanc, à l'image du drapeau japonais. Le rouge évoque le soleil et plus précisément la déesse du soleil Amaterasu, symbole de passion et sincérité, tandis que le blanc évoque la pureté et l'honnêteté. Et pour bénéficier d'un soutien total, même de ceux qui s'intéressent peu au ballon ovale, les Cherry Blossoms arborent sur leur écusson la fleur de cerisier (sakura). Les Japonais vouent à cette fleur, qui représente la beauté éphémère, un véritable culte, organisant dans tout le pays de nombreuses festivités en son honneur en période de floraison, au printemps.

Si leur palmarès en Coupe du monde est bien maigre, avec une seule victoire en poule, en 1991, en 8 participations, ne nous y trompons pas, les Japonais maîtrisent parfaitement leur rugby, étant tout de même champions de la Coupe des nations du Pacifique en 2011 et vainqueurs du Tournoi des cinq nations asiatiques de 2008 à 2014 ! Ils sont considérés comme la meilleure équipe asiatique de rugby et ont compté dans leurs rangs le plus grand marqueur d'essais de tous les temps, avec 69 réalisations, aujourd'hui retraité mais toujours détenteur de ce record, Daisuke Ohata.

EN COUPE DU MONDE

Preuve de la notoriété du rugby au Japon et surtout de sa reconnaissance sur la scène internationale, c'est bien au pays du Soleil-Levant qu'aura lieu la prochaine Coupe du monde en 2019. Véritable révolution, bien que le pays hôte fût déjà l'organisateur de la Coupe du monde juniors en 2009, pour la première fois la compétition sera organisée en Asie, hors d'une terre historique du rugby. En attendant, les Japonais espèrent atteindre au moins les quarts de finale lors de l'édition 2015, exploit encore jamais réalisé par les Cherry Blossoms.

NAMIBIE

LE RUGBY EST ARRIVÉ EN NAMIBIE EN 1916 PAR L'INTERMÉDIAIRE DES IMMIGRANTS BLANCS SUD-AFRICAINS.

C'est le premier pays (et le seul à ce jour) qui a vu sa fédération, la Namibian Rugby Union, fondée à 2 reprises. La première création remonte à 1931. Le pays est alors sous mandat de l'Afrique du Sud, sous le nom de Sud-Ouest africain. Lorsqu'il accède à l'indépendance en 1990, la fédération est à nouveau créée.

POULE C

SURNOM : LES WELWITSCHIAS

HYMNE : NAMIBIA, LAND OF THE BRAVE

RANG MONDIAL IRB : 22e

EN COUPE DU MONDE :
PARTICIPATIONS : 5/8
MEILLEUR RÉSULTAT : 4e DE POULE

Les maillots sont bleus, les shorts bleu foncé et les bas rouges. Ces couleurs rappellent les couleurs nationales, héritées de la SWAPO, le mouvement de libération du pays. Sur les armoiries de la Namibie, un couple d'oryx encadre le drapeau sur lequel se pose un aigle des mers. L'antilope étant déjà adoptée comme emblème par leurs célèbres voisins sud-africains, les Springboks, les Namibiens se sont rabattus sur l'aigle des mers pour orner leur écusson. Curieux quand même pour ce pays, un des plus arides de la planète, qui abrite le plus vieux désert du monde, le désert de Namib, et le désert du Kalahari !

Le surnom des joueurs fait référence, en revanche, à une plante qui pousse dans le désert de Namib : la welwitschia. Elle porte ce nom tout simplement parce que c'est le docteur Welwitsch qui l'a découverte en 1860.

Jusqu'à l'indépendance, les meilleurs joueurs namibiens pouvaient être sélectionnés chez les Springboks. Un des plus célèbres est l'arrière Percy Montgomery, qui détient toujours le record de points marqués par un Springbok : 893 points, au cours de ses 102 sélections. Vainqueur de la Coupe du monde 2007, dont il sortit meilleur marqueur avec 105 points, il vint exercer ses talents d'arrière au service de l'USAP (Perpignan).

EN COUPE DU MONDE

La Namibie ne put participer à la Coupe du monde qu'en 1999, mais s'est toujours qualifiée depuis. Hélas, elle n'a jamais remporté le moindre match. Elle fut même la victime de l'Australie dans un match qui reste dans les mémoires comme la défaite la plus retentissante de la Coupe du monde, avec le plus grand écart de points : en 2003, à Adélaïde, l'Australie battit la Namibie sur le score sans appel de 142 à 0. Dans la zone Afrique, dont dépend le pays, elle demeure la nation la plus forte. Lors de la dernière rencontre de qualification en 2014, elle a empoché son billet pour la Coupe du monde en écrasant Madagascar 86 à 10.

NOUVELLE-ZÉLANDE

EN JANVIER 1870, CHARLES JOHN MONRO REVIENT DANS SA VILLE NATALE DE NELSON, DANS LE NORD DE L'ÎLE DU SUD.

Ce jeune Néo-Zélandais parti faire ses études à Londres s'est initié au rugby et rêve de faire découvrir ce sport à ses compatriotes. Il organise le premier match sur la terre maorie le 14 mai 1870, dans la Réserve botanique de Nelson, où un monument commémore cet événement.

En 1892, la New Zealand Rugby Football Union est créée. À cette époque, ceux que l'on surnomme encore les Kiwis, du nom d'un oiseau emblématique du pays, portent un maillot bleu noir et un short blanc. En 1901, ils arborent une tenue entièrement noire, en référence à la culture maorie et en signe de deuil pour leurs adversaires. La légende des Blacks naît lors de la tournée de 1905 dans les îles Britanniques avec une erreur d'imprimerie. Un journaliste du *Daily Mail*, stupéfait de l'adresse des avants néo-zélandais, aurait dit « *They are all backs* » (« Ce sont tous des arrières ») et le typographe aurait compris « *They are all blacks* » (« Ils sont tout noirs »). Cette anecdote n'a pu être vérifiée, aucun article ne corroborant cette histoire. Il est plus vraisemblable qu'un journaliste, ignorant tout de ces joueurs au gabarit impressionnant et s'enquérant de la couleur de leur tenue, leur ait donné ce surnom.

L'écusson comporte une fougère argentée, symbole de l'éveil et de l'énergie dans la culture maorie. La Nouvelle-Zélande, avec son climat humide, abrite plus d'une centaine de sortes de fougères. Celle-ci est un des symboles du pays, une fougère arborescente, dont le dessous des feuilles est blanc argent.

Autre caractéristique de cette équipe : le haka, cérémonie de départ à la guerre que les joueurs effectuent avant chaque début de rencontre. Le plus courant est le « Ka Mate ». Mais il existe aussi le « Kapa o Pango », beaucoup plus agressif et guerrier, réservé aux adversaires redoutés, dont le geste final simule un égorgement. Il fut exécuté face à la France en particulier, lors de la Coupe du monde de 2011.

ALL BLACKS®

POULE C

SURNOMS : LES ALL BLACKS, LES KIWIS

HYMNE : GOD DEFEND NEW ZEALAND

RANG MONDIAL IRB : 1er

EN COUPE DU MONDE : PARTICIPATIONS : 8/8 – MEILLEUR RÉSULTAT : 1er EN 1987 ET 2011

EN COUPE DU MONDE

La France est devenue la bête noire des All Blacks en Coupe du monde. Depuis leur première finale disputée en 1987, chacune de leur rencontre est un événement. En 1999, en demi-finale, tout le monde voit les Français perdants face aux Blacks. Les Bleus sont menés 24 à 10 à la 45e minute. Ils vont finalement gagner 43 à 31, stupeur chez les Néo-Zélandais ! En 2007, ils éliminent de nouveau leurs adversaires en quart de finale, 20 à 18, alors que les Kiwis sont les grandissimes favoris, ayant écrasé toutes les équipes de leur poule. En finale en 2011, les Blacks vont être sacrés une seconde fois face aux Français, les battant d'extrême justesse devant leur public, 8 à 7.

PAYS DE GALLES

L'ORIGINE DES COULEURS DE L'ÉQUIPE GALLOISE EST PROFONDÉMENT LIÉE À UNE HISTOIRE DE DRAGONS QUI S'OPPOSÈRENT, IL Y A BIEN LONGTEMPS, DANS UN COMBAT FÉROCE.

La légende dit que l'un était blanc et redoutable, il symbolisait l'envahisseur du pays. L'autre était rouge et plus gentil, il représentait les Celtes. Après des décennies de lutte qui virent ces deux ennemis se livrer bataille entre ciel et terre, faisant même intervenir un certain Merlin l'enchanteur sur le sol gallois, c'est bien entendu le dragon rouge qui finit par l'emporter. Il devint ainsi, des siècles plus tard, le symbole national, repris logiquement par le XV du Poireau.

Alors pourquoi ce surnom ? Point de dragon ici mais encore une bataille, opposant l'armée saxonne à celle du pays de Galles. Ne parvenant pas à distinguer les armures des deux camps, le chef des Gallois aurait demandé à ses soldats de se servir de ce légume qui poussait sur le terrain où ils s'apprêtaient à combattre, pour s'identifier. Chacun orna ainsi son casque d'une feuille de poireau. Mais attention, contrairement à ce que certains pensent, il n'est pas reproduit sur les maillots. Ce sont trois plumes d'autruche qui se dressent sur l'écusson des internationaux. Leur origine remonte de nouveau à une bataille, remportée cette fois pendant la guerre de Cent Ans par les Gallois. Leur chef, Édouard, dit le Prince Noir, s'empara du casque surmonté de trois plumes d'autruche de son rival mort au combat. Symbole de victoire, tous les princes de Galles utilisèrent par la suite ces plumes.

La fédération galloise de rugby, la Welsh Rugby Union (WRU), fut créée en 1881 et compte environ 45 000 licenciés.

WRU™©

POULE A

SURNOMS : LE XV DU POIREAU, LES DIABLES ROUGES, LES DRAGONS ROUGES

HYMNE : HEN WLAD FY NHADAU / LAND OF MY FATHERS (VIEUX PAYS DE MES ANCÊTRES)

RANG MONDIAL IRB : 5e

EN COUPE DU MONDE :
PARTICIPATIONS : 8/8
MEILLEUR RÉSULTAT : 3e EN 1987

EN COUPE DU MONDE

L'édition 2015 verra-t-elle enfin les Gallois en finale, après deux demies perdues ? En 1987 d'abord, une défaite dans la douleur, 49 à 6, contre des Blacks survoltés, qui gagneront quelques jours plus tard le premier titre mondial. Les Gallois se consoleront cependant en obtenant leur meilleur résultat à ce jour en Coupe du monde, au terme d'une haletante petite finale gagnée d'un poil de dragon, 22 à 21, contre l'Australie. En 2011 ensuite, probablement la plus frustrante, perdue 9 à 8 contre une équipe française très fébrile malgré l'expulsion du capitaine gallois pour un plaquage cathédrale. Mais les Diables rouges sont trop maladroits ce jour-là et regretteront longtemps les pénalités et drops ratés de James Hook.

ROUMANIE

LE PREMIER CLUB, LE STADIUL ROMAN, NAÎT EN 1915.

Il est une sorte de copie conforme du Stade Français : mêmes couleurs de maillot, mêmes structures sportives. En effet, ce sont de jeunes Roumains qui ont ramené le rugby dans leurs valises après l'avoir découvert à Paris où ils ont fait leurs études.

Les rencontres internationales ne sont pas très fréquentes. En 1924, la Roumanie affronte la France aux Jeux olympiques. Après la guerre, l'équipe roumaine continue de progresser. Les échanges s'intensifient d'abord avec la France, puis avec les nations britanniques. Dans les années 1960, elle réussit une série de 4 matchs sans défaite face à la France : 2 victoires et 2 nuls. Puis elle arrive à battre Gallois et Écossais. Mais le pays en plein chaos politique entraîne le rugby dans sa chute et la Roumanie, privée de ses meilleurs joueurs qui s'expatrient, ne cesse de dégringoler dans les classements depuis 1990.

Les joueurs portent un maillot jaune, un short bleu et des bas rouges. Ce sont les couleurs des trois anciennes principautés unifiées sous le drapeau roumain : la Modalvie, la Transylvanie et la Valachie. Le bleu symbolise la liberté (le ciel), le jaune, la prospérité (les champs de blé), et le rouge, la fraternité (le sang).

Une feuille de chêne lobée, posée sur un ballon bleu, figure sur l'écusson de l'équipe nationale. Cet arbre représente la force et la fierté, qualités requises pour des joueurs qui portent le surnom de Chênes.

Marius Tincu a effectué toute sa carrière professionnelle en France, devenant même champion de France avec Perpignan en 2009. Il a été sélectionné à 53 reprises dans l'équipe de Roumanie, dont il était un élément majeur comme talonneur. Durant la Coupe du monde 2011, il en est le capitaine. En 2012, il raccroche les crampons et il prend les rênes de l'entraînement du paquet d'avants roumains pour la Coupe du monde 2015.

RUGBY ROMÂNIA

POULE D

SURNOM : LES CHÊNES

HYMNE : DESTEAPTA-TE, ROMÂNE (ÉVEILLE-TOI, ROUMANIE)

RANG MONDIAL IRB : 18e

EN COUPE DU MONDE :
PARTICIPATIONS : 8/8
MEILLEUR RÉSULTAT : 3e DE POULE

EN COUPE DU MONDE

Pas de victoire vraiment probante en Coupe du monde pour la Roumanie, mais une régularité encourageante ! À l'exception de 1995 et 2011, la sélection nationale roumaine a toujours remporté une victoire à chacune de ses participations. En 1987, c'est contre le Zimbabwe battu 21 à 20 ; en 1991, contre les Fidji sur le score étriqué de 17 à 15. En 1999, les Chênes viennent à bout des Eagles américains 27 à 25 ; en 2003, ils écrasent la Namibie 37 à 7 ; et enfin, en 2011, ils écartent le Portugal 14 à 10.

SAMOA

LES SAMOA ÉVOQUENT PLUS LE SOLEIL, LE SABLE BLANC, LES EAUX TURQUOISE, QUE LE VERT DES TERRAINS DE RUGBY.

Pourtant, cet archipel d'Océanie d'environ 250 000 habitants est une véritable terre sacrée d'ovalie. Le rugby représente ici bien plus qu'un simple sport, comme l'exprime la danse guerrière, le « Siva Tau », effectuée avant chaque match des internationaux. Il s'agit d'une référence à la culture maorie qui marque ce pays, à l'instar de la Nouvelle-Zélande, où s'expatrient de nombreux joueurs samoans pour jouer chez les Blacks, comme Tana Umaga.

Mais la fédération de rugby, la Samoa Rugby Union (SRU), qui fut instituée en 1957 et comprend environ 22 000 licenciés, peut malgré tout se prévaloir de nombreux joueurs évoluant dans les meilleurs clubs européens. Pratiquant un rugby rugueux, basé sur la puissance et l'agressivité, parfois spectaculaire, le XV samoan s'est tout de même qualifié 2 fois pour les quarts de finale de la Coupe du monde. Les Samoa seront même la première nation de deuxième division mondiale à être classée dans le top 10 de l'IRB en atteignant la 8e place (9e aujourd'hui).

Les Manu Samoa, surnom inspiré du nom d'un ancien grand guerrier, ont un maillot bleu dont la référence oscille entre le bleu de la liberté (symbole du drapeau national également orné de rouge) et celui de la mer. Leur écusson évoque les armoiries du pays : l'écu comporte la constellation de la Croix de Sud – un grand classique dans cet hémisphère – sur fond bleu comme les maillots, et un palmier pour symboliser la nature et la mer, deux éléments essentiels des îles. Il est entouré d'une couronne de laurier et surmonté d'une croix représentant la bravoure et la piété mais peut-être aussi les missionnaires catholiques qui auraient importé le rugby dans cet archipel du Pacifique.

SAMOA RUGBY UNION

POULE B

SURNOM : LES MANU SAMOA

HYMNE : THE BANNER OF FREEDOM (LA BANNIÈRE DE LA LIBERTÉ)

RANG MONDIAL IRB : 9^{e}

EN COUPE DU MONDE : PARTICIPATIONS : 7/8 – MEILLEUR RÉSULTAT : 1/4 DE FINALE

EN COUPE DU MONDE

Le rugby à XV se joue… à quinze. Ce sont pourtant bien seize Anglais qui évoluent un court instant contre les Samoans lors d'un match de poule en 2003. Un petit fait de jeu qui aurait pu avoir de grandes conséquences. Les Anglais livrent une partie laborieuse face à d'héroïques Samoans qui déploient un jeu haché mais tout en puissance et dynamique, faisant douter leurs adversaires. Or, pendant que le centre anglais Mike Tindall est soigné sur le terrain, donc sans possibilité d'être remplacé, l'entraîneur fait rentrer l'ailier Dan Luger. Il joue quelques minutes avant que l'arbitre ne se rende compte de la situation et le renvoie sur le banc. Après un recours des Samoa demandant la victoire pour faute, l'Angleterre n'écopera que d'une amende et remportera la compétition.

TONGA

CET ARCHIPEL DE 170 ÎLES, EN PLEIN CŒUR DE L'OCÉAN PACIFIQUE, COMPTE ENVIRON 8 000 LICENCIÉS DE RUGBY, DONT 2 500 FEMMES, POUR SEULEMENT 120 000 HABITANTS.

Ce sont les missionnaires qui introduisent le rugby aux Tonga, au début du XXe siècle. La fédération, la Tonga Rugby Football Union, est fondée en 1923. Au départ, les Tongiens rencontrent essentiellement leurs plus proches voisins : Fidji et Samoa, avant de s'ouvrir petit à petit à d'autres pays. En 1974, c'est leur première grande tournée en Grande-Bretagne.

TONGA

POULE C

SURNOM : LES IKALE TAHI (AIGLES DE MER)

HYMNE : KOE FASI OE TUI OE OTU TONGA (LA CHANSON DU ROI DES ÎLES TONGA)

RANG MONDIAL IRB : 13e

EN COUPE DU MONDE :
PARTICIPATIONS : 7/8
MEILLEUR RÉSULTAT : 3e DE POULE

Les couleurs de la tenue sont celles du royaume : maillot rouge, short blanc et bas rouges. Le roi Tupou Ier, au XIXe siècle, avait souhaité que le drapeau national comporte une croix et qu'il soit de couleur rouge, pour rappeler le sang versé par Jésus. L'écusson, en référence aux armoiries des Tonga, présente une colombe tenant dans son bec un rameau d'olivier, en signe de paix. La capitale de l'archipel s'appelle d'ailleurs Nuku'alofa : « la patrie de l'amour » en tongien.

Les joueurs sont surnommés Ikale Tahi, les « Aigles de mer ». Tout comme les All Blacks, ils effectuent avant chaque match une sorte de haka : le Kailao, dont le chant guerrier est le « Sipi Tau ».

La famille Maka, d'origine tongienne, entretient un rapport particulier avec le Stade Toulousain. Le premier à venir jouer dans la Ville rose est Isotolo, après avoir porté le maillot All Black. Il est champion de France et d'Europe avec le club français, avant de devenir entraîneur de la sélection des Tonga. Le deuxième est son frère Finau, lui aussi champion de France et d'Europe avec Toulouse, avant de défendre les couleurs de son pays en Coupe du monde. Le dernier est leur neveu, Edwy, un bel îlien de 1,96 m pour 140 kg, pas encore international, mais sélectionnable à la fois en équipe de France et avec les Tonga.

EN COUPE DU MONDE

Wellington, Nouvelle-Zélande, 1er octobre 2011. C'est le dernier match de la poule A, à priori une formalité pour la France. Mais les raids dévastateurs des joueurs tongiens sèment la panique chez les Bleus. La défense vacille, seule la mêlée tient bon. 1 essai transformé de l'ailier Hufanga et 4 pénalités font mal face aux 3 seules réussites au pied du Français Yachvili. Les Tonga pourraient se qualifier pour les quarts de finale en obtenant le bonus offensif, alors ils tentent les pénalités. Ils veulent absolument assurer la victoire. Vincent Clerc sauve sa patrie en marquant un essai à la 81e, la France perd le match, battue 19 à 14 par de vaillants adversaires, mais se qualifie pour les quarts.

URUGUAY

L'URUGUAY EST PLUS CONNU POUR SON ÉQUIPE DE FOOTBALL, SURNOMMÉE LA CELESTE, QUE POUR SON ÉQUIPE DE RUGBY.

Surnommés les Teros, du nom d'un petit oiseau très répandu dans le pays et devenu l'emblème du XV, les Uruguayens sont pourtant bien présents dans le monde de l'ovalie.

Même si la fédération de rugby, l'Unión de Rugby del Uruguay (URU), n'est créée qu'en 1951, l'Uruguay dispute ses premiers matchs vers la fin du XIXe siècle, à l'instigation de Britanniques venus en nombre travailler dans le pays. Sans briller sur la scène internationale, loin derrière l'Argentine, les Uruguayens vont toutefois multiplier les initiatives pour asseoir leur notoriété. Cela finira par payer en 1999 lorsqu'ils se qualifieront pour la première fois de leur histoire pour la Coupe du monde.

Le XV uruguayen évolue en short noir et maillot bleu, la couleur du pays (le drapeau est bleu et blanc orné d'un soleil en haut à gauche). Pour son premier match en Coupe du monde, il bat le XV espagnol 27 à 15 avant de perdre ses autres rencontres.

Mais force est de reconnaître que c'est un tragique fait divers loin des terrains qui fera le plus parler de rugby en Uruguay. Le 13 octobre 1972, l'équipe de l'Old Christians Club Rugby de Montevideo embarque à bord d'un petit avion pour se rendre à Santiago du Chili où elle doit affronter l'équipe locale. Les mauvaises conditions météorologiques contraignent les pilotes à modifier leur plan de vol et, après un concours de circonstances dramatique, l'avion s'écrase dans la cordillère des Andes. Aussi incroyable que cela puisse paraître, 16 survivants seront bel et bien secourus 72 jours plus tard après avoir affronté la faim et des températures descendant parfois à – 40 °C.

URU

POULE A

SURNOM : LES TEROS

HYMNE : ORIENTALES, LA PATRIA O LA TUMBA (ORIENTAUX, LA PATRIE OU LA TOMBE)

RANG MONDIAL IRB : 20e

EN COUPE DU MONDE :
PARTICIPATIONS : 3/8
MEILLEUR RÉSULTAT : 3e DE POULE

EN COUPE DU MONDE

En 2015, les Teros retrouvent la Coupe du monde après leur superbe qualification lors des phases éliminatoires où tout s'est joué dans une dernière rencontre à suspens face au XV russe. Celui-ci avait pourtant remporté le match aller et partait grand favori. Mais le retour offrit un spectacle comme on l'aime au rugby. À la mi-temps, les deux équipes se quittèrent sur un score nul de 12 à 12 après une domination des Russes. Le début de seconde mi-temps vit ces derniers prendre le large avec 1 essai et 1 pénalité. Oui mais voilà, les Teros la voulaient cette troisième qualification, et les avants, solidaires, se mirent enfin en marche pour permettre à l'Uruguay d'aplatir 3 essais d'affilée et de s'imposer 36 à 27.

LA COUPE DU MONDE DE A À Z

A comme...

ARGENT

Rugby et argent font bon ménage, il est loin le temps de l'amateurisme. La Coupe du monde s'est transformée en une véritable affaire commerciale, en devenant le 3e événement sportif mondial après les Jeux olympiques et la Coupe du monde de football. Les recettes devraient avoisiner 1 milliard de dollars en 2015. Les droits TV ont été vendus à 207 pays et les stades devraient afficher complets avec plus de 2,3 millions de spectateurs.

B comme...

BLANCO

Serge Blanco, le Pelé du rugby comme on le surnommait, a inscrit 38 essais au cours de ses 96 sélections en équipe de France. Un des plus époustouflants est celui marqué contre l'Australie à quelques secondes de la fin du temps réglementaire de la demi-finale de la Coupe du monde 1987. Les deux nations sont à égalité 24 à 24, les joueurs fatigués par un match débridé, à la tension insoutenable, le score n'a pas cessé de changer de camp. C'est le moment où ce diable de Serge décide d'attaquer depuis ses 22 mètres. Dans cette action, 12 coéquipiers touchent la balle, qui va d'un bout à l'autre du terrain, et Blanco est à la conclusion, marquant un splendide essai, après avoir échappé à un dernier placage. Le score, 30 à 24, propulse la France en finale de la première Coupe du monde.

C comme...

CARTON

Pas question ici de carton jaune ou rouge, mais de carton plein, *full house* comme disent les Britanniques. Pour réaliser cet exploit, il faut, sur un match, inscrire des points de toutes les façons possibles : essai, transformation, pénalité et drop. En Coupe du monde, seuls deux Français ont réussi cette performance. En 1999, « Titou » Lamaison fait un festival face aux Blacks en demi-finale : 1 essai, 4 transformations, 3 pénalités et 2 drops, 28 points au total. En Australie, en 2003, face à l'Écosse en match de poule, Frédéric Michalak, qui vient de fêter ses 21 ans, inscrit 1 essai, 4 transformations, 4 pénalités et 2 drops, la bagatelle de 31 points.

D comme...

DÉFAITE

Toutes les équipes ne peuvent pas gagner, elles peuvent même perdre gros parfois ! Les 3 défaites les plus importantes en Coupe du monde sont toutes des matchs de poule : en 1995, la Nouvelle-Zélande a battu le Japon 145 à 17 ; en 2003, l'Australie a écrasé la Namibie 142 à 0 et l'Angleterre a humilié l'Uruguay 111 à 13.

E comme...

ESSAI

Le premier essai de la première Coupe du monde, en 1987, fut marqué par le Néo-Zélandais Michael Jones. Essai incontestable, il pensait rentrer dans l'histoire du rugby. Mais en réalité, le tout premier est un essai de pénalité accordé aux All Blacks pour une mêlée écroulée par leurs adversaires italiens à moins de 10 mètres de la ligne.

F comme...

FARR-JONES

Nick Farr-Jones est un demi de mêlée australien qui a participé aux deux premières Coupes du monde. En 1991, il est le capitaine de l'équipe des Wallabies qui défait, en finale, les Anglais à Londres, dans le mythique stade de Twickenham, par 12 à 6. Il a l'honneur de recevoir la coupe Webb Ellis des mains de la reine d'Angleterre elle-même.

G comme...

GUINESS

En 1999, la célèbre marque de bière irlandaise, qui parraine la Coupe du monde, promet une prime de 10 000 livres sterling au premier joueur qui marquera un essai en moins de deux minutes. Ces 120 secondes représentent le temps qu'il faut pour servir une pinte de Guiness dans les règles. Le centre australien Tim Horan accomplit l'exploit de marquer un essai après 90 secondes de match face à la Roumanie, le 3 octobre à Belfast.

H comme...

HAKA

Le haka est une danse guerrière chantée par les habitants des îles du Pacifique Sud, qui a été popularisée par les rugbymen néo-zélandais. Au-delà du « Ka Mate » ou du « Kapa o Pango » des Kiwis, d'autres équipes pratiquent ces danses : les Fidji avec le « Cibi », les Samoa avec le « Siva Tau », les Tonga avec le « Kailao ».

I comme...

IVRESSE

Le 6 octobre 2007, l'équipe néo-zélandaise s'incline 18 à 20 face au XV de France, en quart de finale à Cardiff. Les All Blacks vont noyer leur chagrin dans un bar de la capitale galloise. Selon certains médias, la facture de la défaite est salée, puisqu'ils auraient consommé des boissons alcoolisées pour l'équivalent de 17 000 euros. Deux jours après, à Londres, la police anglaise arrête l'ailier Doug Howlett, non sélectionné pour cette rencontre, mais toujours bourré, en train de taper sur des voitures (françaises ?) en stationnement.

J comme...

JONAH

Le phénomène Jonah Lomu, aux mensurations hors normes pour un ailier (1,94 m, 118 kg), éclate lors de la Coupe du monde en Afrique du Sud. En demi-finale face aux Anglais, le 18 juin 1995, il récupère une passe sautée au bout de deux minutes de jeu. L'autobus néo-zélandais démarre, il renverse Underwood qui lui rend 47 kg, déborde Carling et traîne Mike Catt dans l'en-but pour aplatir le 1er essai, prélude de 3 autres de même nature. Le mythe est né. Avant la finale face à l'Afrique du Sud, tout le monde s'interroge sur la manière d'arrêter Jonah. La filiale sud-africaine de Shell envisagera même de verser 5 000 rands aux défenseurs qui se mettraient en travers de la route de Lomu. Devant les protestations néo-zélandaises, cette proposition sera retirée. Mais notre phénomène ne marquera pas en finale.

K comme...

KIRK

David Kirk est le premier joueur, en tant que capitaine de l'équipe de Nouvelle-Zélande, à avoir reçu le trophée de la Coupe du monde, en 1987. Au départ, il ne devait être que remplaçant, mais il devient le demi de mêlée du XV All Black suite à l'indisponibilité du numéro 9 prévu, et la blessure au premier match du capitaine titulaire le propulse à la tête de la sélection. Il sera fait membre de l'ordre de l'Empire britannique pour services rendus au rugby.

L comme...

LIMA

Brian Pala Lima est le seul joueur ayant participé à 5 Coupes du monde, entre 1991 et 2007. Ailier ou centre de la sélection samoane, il est le plus jeune compétiteur, ayant débuté à moins de 20 ans (19 ans et 255 jours). C'est aussi le seul à avoir marqué des essais dans 4 Coupes du monde différentes. Connu pour ses placages dévastateurs, il fut suspendu, pendant la Coupe du monde 2007, pour trois semaines, après avoir arrêté de manière quelque peu irrégulière l'Anglais Jonny Wilkinson.

M comme...

MANDELA

Nelson Mandela remet le trophée à François Pienaar, le capitaine du XV Springbok, après sa victoire en finale de la Coupe du monde 1995. Moment particulièrement émouvant, le président a revêtu le maillot du numéro 6 de l'équipe d'Afrique du Sud, symbole de l'unité nationale enfin trouvée. C'est la première participation en Coupe du monde de ce pays, longtemps mis au ban du rugby international pour sa politique de ségrégation raciale.

N comme...

NTAMACK

Émile Ntamack, dit Milou, ou encore la panthère noire tant sa foulée est aérienne et élégante, est un homme discret mais ô combien efficace. Magistral lors de la Coupe du monde 1995 en Afrique du Sud, nominé dans l'équipe type de cette compétition, il marque un très bel essai contre les Écossais dans les arrêts de jeu, qui propulse la France à la tête de sa poule, lui évitant un quart difficile face à l'ogre néo-zélandais. Il participe également à l'édition 1999 jusqu'à la finale (perdue) contre l'Australie. Il dispute une nouvelle finale (encore perdue) en 2011 contre la Nouvelle-Zélande, comme entraîneur des lignes arrières cette fois.

O comme...

ORMAECHEA

Diego Ormaechea est le capitaine de la sélection de l'Uruguay durant la Coupe du monde 1999. Ce joueur, à la carrière d'une longévité exceptionnelle à ce niveau, a quasiment 40 ans quand il mène les Teros à la victoire pour leur premier match face à l'Espagne. Il fallait voir « l'ancien » déchirer la défense adverse sous son numéro 8. Aucun jeune n'aurait pu prendre sa place. En 2001, il devient entraîneur de l'équipe nationale et réussit à la qualifier pour la Coupe du monde 2003. Les joueurs remportent à nouveau une victoire, cette fois-ci face à la Géorgie.

P comme...

PARIS

C'est à Paris, en mars 1985, que l'IRB décide, après maints atermoiements, que la première Coupe du monde de rugby sera organisée conjointement par l'Australie et la Nouvelle-Zélande. Les nations britanniques sont opposées à une compétition internationale par peur de la fin de l'amateurisme et de l'afflux des financiers dans le rugby. C'est l'Afrique du Sud, pourtant dans l'impossibilité de participer à ce rendez-vous à cause de sa politique d'apartheid, qui fera pencher le vote en faveur des « mondialistes ».

Q comme...

QUALIFICATIONS

Aujourd'hui, 98 nations participent aux qualifications de la Coupe du monde, mais seulement 20 d'entre elles gagnent leur place pour les phases finales (elles n'étaient que 16 entre 1987 et 1995). Et encore, c'est compter sans les « qualifiés d'office », c'est-à-dire les 8 pays ayant atteint les quarts de finale de l'édition précédente. Les places sont chères pour les autres...

R comme...

RECORDS

Record de points marqués : Nouvelle-Zélande : 1 711, Australie : 1 212, France : 1 195. Wilkinson a marqué 277 points en Coupe du monde. Le recordman sur 1 Coupe est le Black Grant Fox : 126 points en 1987.
Record d'essais inscrits : Nouvelle-Zélande : 232, Australie : 153, France : 142. Jonah Lomu est le recordman avec 15 essais. Il arrive aussi en tête sur 1 Coupe, avec 8 essais, à égalité avec Bryan Habana.
Sur 1 Coupe, le Néo-Zélandais Grant Fox a réussi 30 transformations, l'Argentin Gonzalo Quesada 31 pénalités et l'Anglais Jonny Wilkinson 8 drops.

S comme...

SIFFLET

C'est le même sifflet (et la même pièce pour le toss) qui est utilisé pour chaque match d'ouverture de la Coupe du monde. Cet instrument indispensable à l'arbitre servit pour un match entre l'Angleterre et la Nouvelle-Zélande en 1905 et pour la finale des Jeux olympiques de 1924, dernière apparition du rugby à XV aux JO. Du bon matériel, n'est-ce pas ? Il est exposé au musée du Rugby de Palmerston North, en Nouvelle-Zélande, et en est sorti à chaque Coupe du monde.

T comme...

TROPHÉE

Le trophée remporté par le champion du monde est la coupe (William) Webb Ellis, du nom de « l'inventeur du rugby ». Les Australiens l'ont surnommée Bill, le diminutif du prénom William. Tant d'énergie déployée pour cette coupe, en argent plaqué or, qui mesure à peine 38 cm force le respect ! Le trophée choisi par la Fédération internationale de rugby, l'IRB, fut fabriqué par l'orfèvre londonien Garrard's en 1906, d'après un modèle dessiné en 1740 par un huguenot réfugié à Londres, Paul de Lamerie.

U comme...

UMAGA

Tana Umaga a participé à 2 Coupes du monde (1999 et 2003) avec les All Blacks. Ailier puis centre, craint pour sa puissance, il totalise 74 sélections, dont 21 en tant que capitaine, au cours desquelles il marque 36 essais. Après sa retraite internationale, il devient entraîneur du RC Toulon en 2007. N'hésitant pas à endosser le maillot pour donner un coup de main sur le terrain, il obtient le titre de champion de Pro D2 dès 2008, gage de remontée dans l'élite. En 2010, il est demi-finaliste du Top 14 et finaliste du Challenge européen.

V comme...

VICTOIRE

5 nations seulement ont accédé à une finale de la Coupe du monde depuis qu'elle existe. L'Afrique du Sud, l'Australie et la Nouvelle-Zélande ont été sacrées championnes à 2 reprises. L'Angleterre est le seul pays de l'hémisphère Nord à avoir remporté le trophée. La France, elle, totalise 3 finales, sans avoir pu grimper sur la plus haute marche. Éternelle seconde ?

W comme...

WOODWARD

Clive Woodward est un ancien international de l'équipe d'Angleterre dont il porta le maillot à 21 reprises. En 1997, il devient entraîneur du XV de la Rose, qu'il mènera à la victoire lors de la Coupe du monde 2003. Dix ans auparavant, il avait effectué un séjour en Australie et s'était imprégné des méthodes nouvelles (vidéo, entraînements spécifiques...) qui lui permirent d'aider ses joueurs à devenir professionnels.

X comme...

10

Le demi d'ouverture sur un terrain de rugby porte ce numéro 10. Un des plus fameux X reste Grant Fox, l'ouvreur néo-zélandais de la première Coupe du monde en 1987. C'est toujours lui qui détient le titre de meilleur réalisateur avec 126 points marqués lors de cette compétition. Il était d'une extrême précision, quasi diabolique, aussi bien dans ses coups de pied d'occupation que dans ses tentatives de pénalité ou de transformation. Au cours de ses 46 sélections avec les All Blacks, il comptabilisa 645 points. Jolie moyenne de presque 15 points par match !

Y comme...

YOSHIHITO YOSHIDA

Yoshihito Yoshida est un ailier de l'équipe du Japon, de taille modeste (1,70 m), mais extrêmement vivace et rapide. Il est sélectionné pour les Coupes du monde 1991 et 1995. Le 14 octobre 1991, il marque 2 essais splendides face aux joueurs du Zimbabwe. C'est sa contribution à la seule victoire remportée par les Cherry Blossoms en Coupe du monde. L'équipe nippone gagne le match sur le score de 52 à 8.

Z comme...

ZIMBABWE

Le Zimbabwe est la première équipe africaine à être sélectionnée pour les Coupes du monde 1987 et 1991. Elle n'a gagné aucun des matchs auxquels elle a participé. Les joueurs de l'ex-Rodhésie ont échoué dans la course à la qualification pour la Coupe du monde 2015, battus en match de repêchage par les Russes 23 à 15. La Russie, un peu roublarde, a fait jouer la rencontre en Sibérie, de quoi refroidir les ardeurs du Zimbabwe, habitué à des températures plus clémentes.

UNE DEMI-FINALE HALETANTE, OPPOSANT UN XV FRANÇAIS DÉCHAÎNÉ À UN XV CANADIEN SURVOLTÉ : LES DEUX LUTTENT ET DONNENT TOUT DANS UNE ATMOSPHÈRE ÉTOUFFANTE TANT L'ENJEU EST DE TAILLE.

La tension est palpable sur le terrain comme dans les tribunes, jusqu'au terme d'une rencontre à suspens qui se joue devant les caméras du monde entier, et plus de 2 millions de téléspectateurs rien que dans l'Hexagone ! Une première pour les XV tricolore et canuck.

Une première vraiment ? Oui, car ici il est question de rugby féminin et plus particulièrement de la dernière Coupe du monde qui s'est jouée en France. Mais si ce succès, tant médiatique que dans les stades, paraît évident et montre combien ce sport n'était pas fait que pour les « mecs », il aura pourtant fallu parcourir un très long chemin pour en arriver là.

Les premières rencontres féminines de ce qui était alors appelé la « barette », sorte de football-rugby, sont identifiées vers la fin du XIXe siècle en Angleterre, mais aussi en France, surtout en Gironde.

Ce n'est toutefois que dans les années 1930 qu'un mouvement plus organisé va se mettre en place, sous l'impulsion des Anglaises pour l'hémisphère Nord et des Australiennes pour l'hémisphère Sud. En France, il faudra attendre le milieu des années 1960 pour voir émerger des équipes structurées, réunies en 1970 au sein de l'Association française de rugby féminin, qui deviendra, en 1984, la Fédération française de rugby féminin. La discipline intégrera enfin la Fédération française en 1989.

À cette époque, on ne dénombrait en France guère plus de 500 licenciées pour seulement 20 clubs ! Il y a aujourd'hui environ 13 000 licenciées et plus de 200 clubs. Une progression remarquable que l'on retrouve à l'échelle mondiale avec près de 1,5 million de femmes pratiquant le rugby et des compétitions internationales comme la Coupe du monde, créée en 1991, soit cinq ans seulement après l'épreuve masculine.

Elle est organisée tous les quatre ans, à l'exception de la deuxième édition qui se déroula en 1994 dans un climat conflictuel avec le grand patron du rugby mondial, l'International Rugby Board (IRB).

La prochaine édition aura lieu en Irlande, en 2017 et non en 2018 pour des raisons de cohérence de calendrier avec le rugby à VII qui devient discipline olympique.

La Coupe du monde réunit les 12 meilleures nations de la planète. Et comme chez les hommes, la suprématie des Néo-Zélandaises est incontestable avec déjà 4 titres de championnes du monde. Le podium est complété par les Anglaises et leurs 2 titres ainsi que les Américaines, qui furent les premières distinguées en 1991.

Au fait, pour la petite histoire, la France s'est inclinée face au Canada de 2 petits points. Les Canadiennes vont retrouver les Anglaises en finale après les avoir déjà rencontrées en poule où elles se sont séparées sur un match nul. Mais ce coup-ci, le XV de la Rose ne fera pas de détail et s'imposera sans trop de difficulté pour remporter son second sacre mondial après le titre obtenu en 1994. Et les Françaises ? Eh bien, elles se consoleront en gagnant la petite finale et termineront 3es d'une superbe édition qui confirme l'essor de ce sport au féminin.

CALENDRIER DES MATCHS DE LA COUPE DU MONDE 2015

POULE A

18/09	ANGLETERRE	FIDJI
20/09	GALLES	URUGUAY
23/09	AUSTRALIE	FIDJI
26/09	ANGLETERRE	GALLES
27/09	AUSTRALIE	URUGUAY
01/10	GALLES	FIDJI
03/10	ANGLETERRE	AUSTRALIE
06/10	FIDJI	URUGUAY
10/10	AUSTRALIE	GALLES
10/10	ANGLETERRE	URUGUAY

1[ER] .... 2[E] ....

POULE B

19/09	AFRIQUE DU SUD	JAPON
20/09	SAMOA	ÉTATS-UNIS
23/09	ÉCOSSE	JAPON
26/09	AFRIQUE DU SUD	SAMOA
27/09	ÉCOSSE	ÉTATS-UNIS
03/10	SAMOA	JAPON
03/10	AFRIQUE DU SUD	ÉCOSSE
07/10	AFRIQUE DU SUD	ÉTATS-UNIS
10/10	SAMOA	ÉCOSSE
11/10	ÉTATS-UNIS	JAPON

1[ER] .... 2[E] ....

POULE C

19/09	TONGA	GÉORGIE
20/09	NOUVELLE-ZÉLANDE	ARGENTINE
24/09	NOUVELLE-ZÉLANDE	NAMIBIE
25/09	ARGENTINE	GÉORGIE
29/09	TONGA	NAMIBIE
02/10	NOUVELLE-ZÉLANDE	GÉORGIE
04/10	ARGENTINE	TONGA
07/10	NAMIBIE	GÉORGIE
09/10	NOUVELLE-ZÉLANDE	TONGA
11/10	ARGENTINE	NAMIBIE

1[ER] .... 2[E] ....

POULE D

19/09	IRLANDE	CANADA
19/09	FRANCE	ITALIE
23/09	FRANCE	ROUMANIE
26/09	ITALIE	CANADA
27/09	IRLANDE	ROUMANIE
01/10	FRANCE	CANADA
04/10	IRLANDE	ITALIE
06/10	CANADA	ROUMANIE
11/10	ITALIE	ROUMANIE
11/10	FRANCE	IRLANDE

1[ER] .... 2[E] ....

17/10
QUARTS DE FINALE

1ER POULE B
2E POULE A

17/10
QUARTS DE FINALE

1ER POULE C
2E POULE D

....

18/10
QUARTS DE FINALE

1ER POULE D
2E POULE C

....

18/10
QUARTS DE FINALE

1ER POULE A
2E POULE B

....

24/10
DEMI-FINALES

VAINQUEUR Q1
VAINQUEUR Q2

....

25/10
DEMI-FINALES

VAINQUEUR Q3
VAINQUEUR Q4

....

30/10
MATCH 3E PLACE

....

....

31/10
FINALE

....

....

BIGARD
Matmut
mazda
PIERRE FABRE
SOGETI
mutuelles du soleil
PEUGEOT
dyson
110,000 rpm
SW COMMS
MagnaClean
DHL
mbna
Allianz
AIRBUS GROUP
BT Sport
BT Sport
BT Sport
vodacom
TOYOTA
Fly Emirates
CELL C
bnz
bnz
bnz
bnz
bnz
ABSA
VTB
CARIPARMA

NATIXIS
TOTAL
NOVAP.fr
CATERPILLAR
Fairstone
Travis Perkins
Bank of Ireland
Bank of Ireland
Bank of Ireland
BT Sport
BT Sport
LIFE STYLE SPORTS
DHL
AQUIS
RaboDirect
st.george
VOLVO
VISA
QANTAS
RBS
Fly Emirates
AIG
Admiral
CEC Bank
Digicel
antel

Achevé d'imprimer en août 2015 par Pollina fastline - L2192